개념 잡는 수학툰

5 비와 비율에서 멘델의 유전 법칙까지

정완상 지음 | 김민 그림

중학교에서도 통하는 초등수학

개념 잡는 수학툰

5 비와 비율에서 멘델의 유전 법칙까지

전)전국수학
교사모임
이동훈 회장
추천 도서

성림주니어북

개념 잡는 수학툰 이렇게 구성되었어요!

판타지 만화로 재미까지 잡는 〈수학툰〉

저자만의 톡톡 튀는 아이디어가 가장 잘 살아있는 꼭지인 수학툰!
어려울 수 있는 수학, 이렇게 재미있게 시작할 수 있습니다.

초·중·고 수학 교과서와 함께 봐요!

초·중·고 수학 교과서는 서로 그 흐름이 연결됩니다. 이 책은 초·중·고 수학 교과서의 흐름을 한 눈에 살펴볼 수 있도록 구성했습니다.

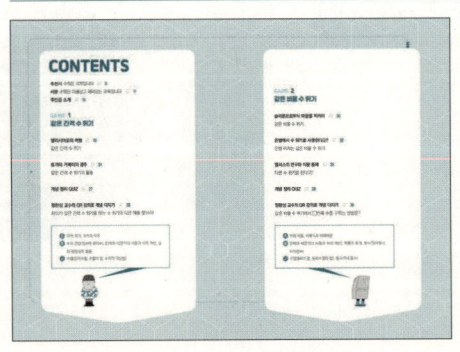

잘 이해했는지 다시 한 번 정리하는 〈개념 정리 QUIZ〉

본문에 나오는 내용을 잘 이해했는지 〈개념 정리 QUIZ〉를 직접 풀어 보고, 부록에 실린 정답 페이지에서 풀이 과정까지 자세히 살펴볼 수 있습니다.

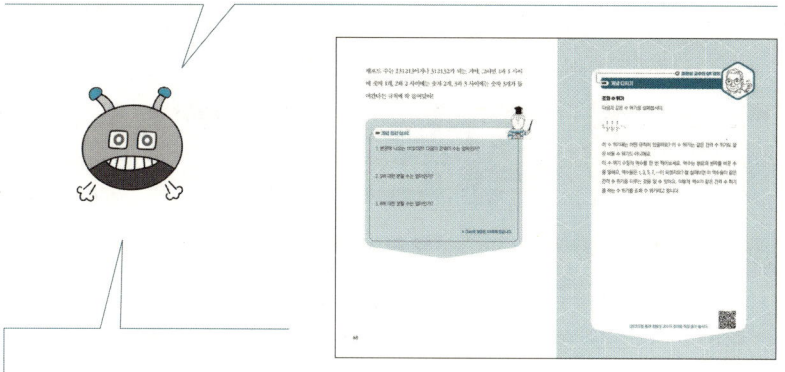

저자 직강 동영상 강좌 연계 〈정완상 교수의 QR 강의 개념 다지기〉

저자가 이 책의 독자들만을 위해 직접 강의한 동영상을 QR코드를 탑재해 연결되도록 구성했습니다. 재미 잡는 수학툰, 풍부한 삽화로 이해를 돕는 본문, 다시 한 번 정리하는 개념 정리 QUIZ에 이어 저자 직강 동영상 강좌를 QR코드로 만나 보세요.

초·중·고 수학 교과서 속 용어가 어려울 땐 이 책에서 연계 용어로 찾아보세요!

이 책에서는 초·중·고 수학 교과서 속 어려운 용어들을 독자들이 이해하기 쉬운 용어로

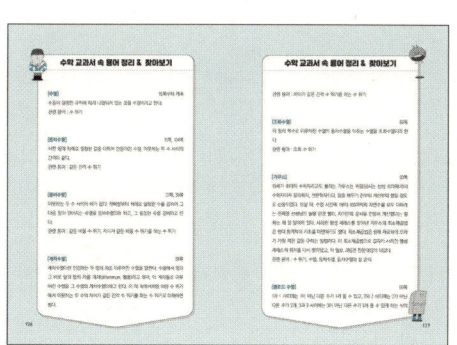

풀어 썼습니다. 교과서와 자연스럽게 연계가 되도록 용어 정리와 찾아보기 페이지를 함께 두었습니다. 수학 교과서로 공부를 하다가 이해가 잘 안 될 때, 이 책을 읽다가 교과서 속 용어가 궁금할 때는 〈수학 교과서 속 용어 정리 & 찾아보기〉에서 쉽게 찾아보세요.

개념 잡는 수학툰

⑤ 비와 비율에서 멘델의 유전 법칙까지

초·중·고 수학 교과서와 함께 읽어요

초등학교 수학	3학년 시간과 길이 6학년 비와 비율 6학년 비례식과 비례 배분
중학교 수학	2학년 일차 함수와 그 그래프 2학년 연립 방정식 2학년 도형의 닮음 2학년 닮음의 활용
고등학교 수학	수학(상) 다항식

CONTENTS

추천사 1 수학과 삶이 이어지는 경험이 되기를 /// 14
추천사 2 이 책은 새로운 수학 공부 방식을 선물해 줍니다 /// 16
추천사 3 문장제 문제에 약한 친구들도 빠져드는 수학툰 /// 20
서문 수학은 아름답고 재미있는 과목입니다 /// 23
프롤로그 /// 26

GAME 1
비와 비율

비율국으로의 여행 /// 33
비와 비의 성질

기준량에 대한 비교하는 양의 크기 /// 39
비율 이야기

개념 정리 QUIZ /// 41
정완상 교수의 QR 강의 **개념 다지기** /// 42
비례식

 비와 비율, 비례식과 비례 배분

고 다항식

GAME 2
비율의 응용과 연비

비율의 응용   ///   47
콩쥐의 물 채우기 문제

세 종류 이상의 수를 비로 나타내라고?   ///   52
연비

개념 정리 QUIZ   ///   55
정완상 교수의 QR 강의 **개념 다지기**   ///   56
비례 배분의 응용

초 시간과 길이, 비와 비율, 비례식과 비례 배분
중 연립 방정식, 일차 함수와 그 그래프
고 다항식

GAME 3
속력

호수 둘레의 길이를 구하라! /// 60
속력

속력에 관한 문제에 대한 토론 /// 67
떨어진 거리에 관한 문제

기차의 길이를 무시하면 생기는 오류 /// 76
터널을 지나는 기차 문제

개념 정리 QUIZ /// 78
정완상 교수의 QR 강의 **개념 다지기** /// 79
지진이 일어난 곳의 위치

- 초 시간과 길이, 비와 비율, 비례식과 비례 배분
- 중 일차 함수와 그 그래프
- 고 다항식

GAME 4
농도

고독한 미식가와 삼색 누룽지탕 /// 84
소금물의 농도

세일 판매 /// 89
원가와 판매가

개념 정리 QUIZ /// 91
정완상 교수의 QR 강의 **개념 다지기** /// 92
농도에 관한 응용 문제

> 초 비와 비율, 비례식과 비례 배분
> 중 일차 함수와 그 그래프
> 고 다항식

GAME 5
닮음비

걸리버 여행기와 닮음비 /// 98
두 정육면체의 넓이의 비와 부피의 비

어떤 사과를 살까? /// 101
생활 속의 비율

광장에 모인 사람들의 수를 어떻게 셀까? /// 102
기준이 되는 넓이와 비율 문제

개념 정리 QUIZ /// 105
정완상 교수의 QR 강의 **개념 다지기** /// 106
페르미 추정법

초 비와 비율, 비례식과 비례 배분
중 일차 함수와 그 그래프, 도형의 닮음, 닮음의 활용
고 다항식

GAME 6
멘델의 유전 법칙

멘델의 유전 법칙 /// 115
유전 법칙을 수학으로 계산할 수 있다고?

아주 작은 비율을 나타내는 방법 /// 116
ppm

개념 정리 QUIZ /// 119
정완상 교수의 QR 강의 **개념 다지기** /// 120
혈액형의 유전

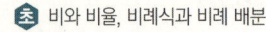 비와 비율, 비례식과 비례 배분
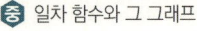 일차 함수와 그 그래프
 다항식

부록 /// **121**
수학자에게서 온 편지 – 멘델
[논문] 비례식의 새로운 성질에 관한 연구
개념 정리 QUIZ 정답 /// **129**
용어 정리 & 찾아보기 /// **135**

| 추천사 1 |

수학과 삶이 이어지는 경험이 되기를

세상은 무엇으로 만들어져 있을까요? 고대 철학자들은 세상을 구성하는 물질에 관심이 많았습니다. 탈레스는 모든 것이 물에서 시작된다고 보았고, 아리스토텔레스는 세상이 물, 불, 흙, 공기로 구성된다고 보았습니다. 오늘날 사람들의 눈에는 고대 철학자들의 생각이 터무니없어 보일 수도 있을 것입니다. 그렇다고 고대 철학자들의 이런 생각이 헛된 것일까요? 비록 정확하지 않았더라도 세상의 본질을 밝히고자 했던 그들의 노력, 탐구 의식은 높이 평가해야 할 것입니다.

저는 학생들이 고대 철학자와 같은 마음으로 수학을 보면 좋겠습니다. 일상생활에서 마주하는 현상들을 수학적으로 탐구한다면 어떨까요? 학생들이 생활하는 교실 안에서도 많은 수학적 원리를 발견하게 될 것입니다. 행과 열로 이루어진 학급 자리 배치에서 '행렬'을 발견할 수 있고, 자리를 바꾸는 날 새로운 짝꿍을 만나는 데에도 '확률'을 생각하게 될 것입니다. 학급 모둠원을 구성하는 데에서 '나눗셈'을 떠올릴 수 있고, 학급 친구들을 특성에 따라 분류하면서 '집합'의 개념도 이해할 수 있을 것입니다. 이처럼 학생들이 수학을 세상을 보는 '눈'으로 생각한다면, 수학은 단순한 문제 풀이의 도구가 아니라 삶의 재미있는 법칙을 찾아내는 유용한 학문으로 인식될 수 있을 것입니다.

이 책은 세상을 수학적으로 볼 수 있는 '눈'을 키워 줄 책입니다. 학년마다 단편적으로 학습했던 수학적 지식을 '주제'별로 통합하여 연결함으로써, 수학적 개념이 학생들의 삶과 이어지게 하였습니다. 학생들은 책 속의 이야기와 상황에 몰입하면서 수학적 개념과 원리를 재미있게 경험할 것입니다. 이 책은 수학을 어려워하는 학생에게는 수학에 대한 기분 좋은 경험이 되어 줄 것이고, 수학을 좋아하는 학생에게는 수학의 가치를 발견하는 기회가 되어 줄 것입니다. 이 책을 통해 많은 학생들이 수학과 삶을 잇는 경험을 쌓고, 수학을 사랑하는 마음을 키워 가기를 기대해 봅니다.

이운영, 조치원대동초등학교 교사

| 추천사 2 |

이 책은 새로운 수학 공부 방식을
선물해 줍니다

수학을 한다는 것은 눈에 보이는 것에서 눈에 보이지 않는 가치를 찾아, 유의미한 연결성을 찾아가는 놀이를 하는 것과 같습니다. 과거에는 자연에서 그것을 찾았고, 현대 사회로 넘어오면서 인간이 만든 사물과 추상에서 그 가치를 찾았지만, 오늘날엔 인간이 만든 추상물 사이의 관계성을 통해 유의미한 가치를 찾곤 합니다. 우리는 컴퓨터 언어로 컴퓨터를 통제하고 컴퓨터 언어로 세상의 모든 정보 자료를 해석합니다. 인간의 산물로 인간의 산물을 통제하는 도구로 수학이 활용되고 있습니다. 우리는 이 과정을 코딩이라 명하지만, 사실 수학적 알고리즘을 찾아가는 형식 놀이에 불과합니다. 결국, 우리가 수학을 가르친다는 것은 우리 사회가 합의한 형식 언어, 기호 언어, 그림 언어로 세상의 사물과 사물을 연결하는 유의미한 관계 놀이를 구성할 방법을 찾게 할 힘을 가르치는 것에 있습니다.

이 시리즈는 첫 권부터 마지막 권이 완결되는 순간까지 온갖 관계의 놀이를 즐기고 있습니다. 이 놀이는 복잡한 형식 언어를 다루는 방식이 아니라, 수학 활동을 힘들어하는 사람들도 행할 수 있는 매우 단순한 사고의 형식을 활용해 복잡한 형식을 관찰하는 힘을 찾는 것에 있습니다. 그런 면에서 개념 잡는 수학툰 시리즈는 몇 가지의 장점을 갖고 있습니다.

학년별로 쪼개진 초·중·고 수학의 주제를 연결한 개념서이다

어린 시절에 배운 수학적 가치는 어렵지 않게 다가갈 수 있기에, 그 개념을 잘 가지고 놀 수 있다면, 더 높은 수준의 개념도 쉽게 가지고 놀 힘을 얻게 됩니다. 따라서 초등학교 저학년의 수학 이론을 활용해 고학년의 수학 이론을 관찰할 수 있다면, 쉬운 개념을 복잡한 개념을 이해할 수 있음을 의미합니다. 이 책은 그런 면에서 매우 흥미로운 책입니다.

문제와 수, 식을 다루는 다른 책들과 다르게, 이 책은 그림을 다룬다

현대 사회는 인간의 오감 중 시각이 가장 발달한 사회입니다. 거의 대부분의 사람들은 TV와 휴대 전화 속 영상물의 홍수 속에 살아갑니다. 문자 언어를 이해하는데 걸리는 시간보다 그림 언어를 이해하는데 걸리는 시간이 더 짧을 뿐만 아니라, 그런 형식의 이해가 더 잘되도록 진화해 가는 시대에 살고 있습니다. 이 책은 만화와 그림을 통해 복잡한 추상체를 이해가 쉬운 그림 언어로 바꿔 학습자에게 다가갑니다. 이 작은 변화가 학습자로 하여금 수학을 가볍게 다룰 용기를 주곤 합니다.

이 책은 수학을 일상생활 속에서 찾을 수 있는, 일상의 학문으로 바라보게 한다

인류와 충분히 가까이 있었던 수학이 점점 멀게 느껴지는 것 같습니다. 하지만 이 책은 생활 속 요소요소에 녹아 있는 수학의 개념들을 발견해 아이들에게 그림 형식으로 전수하며 수학을 딱딱하고 어려운 그 무엇으로 느끼지 않고 친밀한 대상으로 여길 수 있도록 현실감 있게 학습 소재를 연결해 줍니다. 이 작은 현실적 연결감이 수학을 일상의 삶에서 찾을 수 있는 일상의 학문으로 바라보게 합니다.

저자만의 관점으로 수학 개념을 설명해 주는 전혀 새로운 형식의 수학 개념서이다

모든 사람은 자기 나름의 관점과 시선이 있습니다. 이 시선이 세상을 바라보는 자신만의 가치를 만들곤 합니다. 학창 시절 수학을 좋아하긴 했지만 수학적 원리나 개념들을 거의 암기로 외웠기에 잘 이해하지 못했던 것들이 있어 늘 질문을 하고 살았던 저자의 삶이 고스란히 배어 있는 책입니다. 이 책을 보면, 수학이 이토록 흥미로운 과목이었음을 알게 되고 학교에서 배우는 수학 교과서도 다른 눈으로 바라볼 힘을 얻게 됩니다.

이 책을 통해 독자들이 다음과 같은 가치들을 발견해 보길 소망해 봅니다.

자연에서 수학을 찾을 수 있음을 안다.
인간이 만든 구체물에서 수학을 찾을 수 있음을 안다.
인간이 만든 추상물에서 수학이 있음을 안다.
서로 다른 대상을 연결하는 과정에 수학이 있음을 안다.
인간이 만든 눈에 보이지 않는 대상에서도 수학이 있음을 안다.

수학이 지루하고 어려운 과목이라는 편견을 깬 '개념 잡는 수학툰'을 아이들에게 추천합니다. 아이들은 이 시리즈의 책들을 읽으며, 수학의 재미에 푹 빠져 헤엄치는 자신을 발견하게 될 것입니다. '수학적으로 생각하는 힘'을 길러주는 것이 중요하다고 생각한다면, 바로 이 시리즈의 책들을 추천합니다.

이동흔, 전) 전국수학교사모임 회장

| 추천사 3 |

문장제 문제에 약한 친구들도 빠져드는 수학툰

 수학 문장제 문제를 어려워하는 친구들이 생각보다 많습니다. 과거의 초등수학은 정해진 답을 맞히는 것이 목적이었다면, 이제는 알고 있는 지식을 새롭게 창조해 낼 줄 아는 능력을 중요시하는 추세입니다. 서술형 문제인 문장제 문제는 실생활과 관련된 수학적 상황을 인지하고 해결해 나가는 과정을 통해 문제 해결력을 키우기에 꽤 효과적입니다. 하지만 문자보다 영상이나 그림 등에 익숙한 요즘의 친구들은 읽고 이해해야 할 것이 많은 수학 문장제, 즉 서술형 문제를 스스로 읽는 것부터 어려워합니다.

 이 책은 이런 친구들도 직접 정완상 교수님의 수업을 듣는 듯한 착각이 들 정도로 몰입할 수 있게 하는 여러 가지 요소들이 잘 갖춰져 있습니다. 또 저자는 친구들이 궁금해할 만한 상황을 정확히 알고 있고 이를 명쾌하게 해결해 줍니다. 이 책을 읽는 동안 수학을 잘하는 친구들은 수학에 더 재미를 붙일 수 있을 것이고, 스스로를 수포자라고 생각했던 친구들은 자기도 모르게 수학 실력이 향상되는 마법 같은 경험도 할 수 있을 것입니다.

이 책은 문장제 문제에 약한 주인공 코마의 질문과 상상이 글의 흐름을 재미있게 이끌어 줘서 책을 읽는 동안 초·중·고 수학 교과의 중요한 영역인 각 주제들에 대해 어느새 깊이 빠져듭니다. 중간중간 삽입된 시공간을 넘나드는 만화 형식의 판타지 수학툰은 단원의 흐름을 재미있게 이끌고 있어 친구들의 호기심을 증폭시킵니다. 가볍게 술술 읽히지만 꼭 알아야 할, 수학 탐구 주제에 바로 적용할 수 있는 신비롭고 재미있는 이야기들이 가득 담긴 책입니다.

마지막으로 서문에서 밝힌 정완상 교수님의 말씀처럼 이 책을 읽는 모든 학생들의 어린 시절이 세계적인 수학자의 어린 시절이 되기를 저 또한 희망합니다.

박정희, 매쓰몽 대치본원 대표

| 서문 |

수학은 아름답고 재미있는 과목입니다

QR코드를 통해
정완상 교수의 강의를
직접 들어 봅시다.

수학은 아름답고 재미있는 과목입니다. 이 아름다운 과목은 첫발을 잘못 들이면 이 세상에서 제일 싫어하는 과목이 되기도 합니다. 대신에 어린 시절부터 재미있는 수학책을 접해 수학의 재미를 느끼게 되면 수학을 좋아하게 되고, 따라서 수학에 대한 자신감을 가지게 되지요.

이 책은 그런 의도로 기획되었습니다. 수학을 좋아하는 초등학생들과 수학이 재미없어지기 시작한 청소년들을 위해 주제별로 수학이 재미있는 것이라는 것을 알려 주는 것이 이 책의 가장 큰 목적입니다. 그러기 위해 중학교나 고등학교에서 배우는 내용이나 그 이상의 수학 내용도 초등학생이 소화할 수 있도록, 초등학생이 이해할 수 있는 단어로 설명했습니다. 이 책은 만화로 구성된 수학툰이 전체 이야기를 이끌어 가는 구성입니다. 그래서 독자들이 재미있는 스토리를 통해 수학의 중요한 개념을 이해할 수 있을 것이라 생각합니다.

수학자들은 매우 논리적인 사람들이면서 동시에 엉뚱한 생각을 많이 하는 사람들입니다. 엉뚱한 생각을 논리적으로 접근하면 이 세상 누구도 본 적이 없는 새로운 수학의 세계로 사람들을 초대합니다. 이 책에 등장하는 비와 비율에 대한 이론을 만든 수학자들 역시 그러합니다. 비와 비율의 차이, 연비와 비례 배분에 대한 재미있는 이야기들이 이 책에 들어 있습니다. 비와 비율로 속력과 농도에 대해 자세히 설명했습니다. 동화 속 비율의 예로 걸리버 여행기를 수학툰으로 바꾸었습니다. 그리고 페르미의 '시카고의 피아노 조율사 수' 문제를 다루었습니다. 마지막으로는 비와 관련된 아름다운 유전 법칙을 발견한 멘델의 이야기를 담아 보았습니다. 제가 이 책에서 고등학교를 졸업할 때까지 교과서에 나오지 않는 많은, 재미있는 비와 비율에 대한 내용을 선보인 이유는 여러분들도 비와 비율을 이용해 재미있는 연구를 할 수 있는 훌륭한 수학자나 이론 물리학자가 되기를 바라는 마음에서입니다. 이 책은 초등학교, 중학교, 고등학교 수학 교과서의 다음 내용들과 연결됩니다.

초등학교 : 비와 비율, 비례식과 비례 배분

중학교 : 일차 함수와 그 그래프

고등학교 : 다항식

이 책에 소개된 비와 비율에 대한 이야기들을 통해, 여러분들이 비율의 신비로움과 비율이 어떻게 과학을 바꿀 수 있는지를 배우기를 바랍니다. 이를 통해 여러분들도 비율을 이용한 새로운 과학 이론을 만들어 보기 바랍니다.

여러분들의 어린 시절이, 이 책을 통해 세계적인 수학자의 어린 시절이 되기를 희망합니다.

정완상, 경상국립대학교 교수

캐릭터 소개

코마

수학을 못해서 고민인 아이
호기심이 많은 코마는 큰 고민이 하나 있다. 수학을 잘 못해서 수학 시간을 싫어한다. 특히 수학 문장제 문제는 생각만 해도 짜증이 날 정도이다. 수학 때문에 고민하는 코마, 이 고민이 해결될 수 있을까?

매쓰워치

시계 모양의 수학 마법사
수학 행성 매쏜에서 온 수학 요정, '매쓰피어'가 코마의 침대 옆에 놓여 있던 알람 시계를 팔다리가 없고 날아다니는 시계 모양의 수학 마법사로 만들었다.

베드몬

시공간을 이동하고, 변신의 귀재
'매쓰피어'가 코마의 침대를 일으켜 세워 만들었다. 코마, 매쓰워치와 함께 시공간을 여행하는데, 이때 가장 중요한 수송을 담당한다. 변신의 귀재이기도 하다.

GAME 1

비와 비율

비와 비의 성질 그리고 비율에 대해 알아보자. 어떤 모둠에서 남학생이 5명, 여학생이 3명일 때 남학생 수와 여학생 수를 비교하는 것을 5:3으로 나타내고 이것을 '5와 3의 비'라고 말한다. 5:3 같은 비례식에서 :의 앞에 있는 5를 전항이라 부르고, 뒤에 있는 3을 후항이라 부른다. 그리고 전항과 후항에 같은 수를 곱하거나 나눠도 같은 비의 성질에 대해서도 다룬다. 기준량에 대한 비교하는 양의 크기, 비율과 엥겔 계수에 대해서도 살펴본다. 마무리로 비례식과 비례식의 성질에 대한 저자의 강의를 QR코드로 만나 보자.

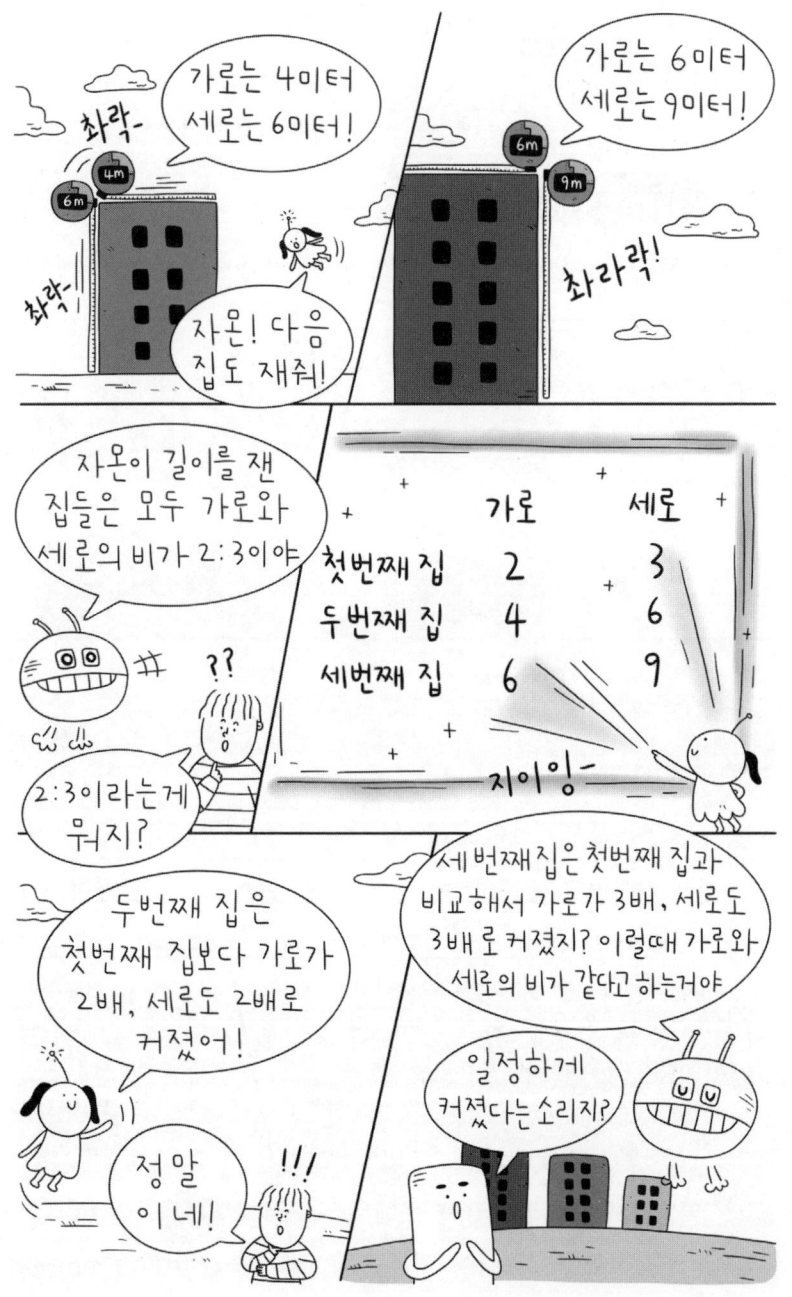

비율국으로의 여행
비와 비의 성질

베드몬 이번에 우리가 배워야 할 주제는 비야. 예를 들어, 미나네 모둠에 남학생이 5명, 여학생이 3명이라고 해 봐. 이때 남학생 수와 여학생 수를 비교하는 것을 5:3으로 나타내고 '오대삼'이라고 읽어. 이것을 '3에 대한 5의 비' 또는 '5의 3에 대한 비'라고 부르고 간단하게 '5와 3의 비'라고 말해.

코마 아하! 비율국 건물에서 가로와 세로의 비가 2:3이었지.

베드몬 비율국에서 2:3과 4:6 그리고 6:9가 같다고 했잖아?

매쓰워치 물론. 그것이 비의 성질이야. 2:3에서 :의 앞에 있는 수를 '전항'이라고 부르고, 뒤에 있는 수를 '후항'이라고 불러.

코마 어렵다.

매쓰워치 한자를 알면 쉬워. 항은 어떤 수를 나타낼 때 쓰는 말이고, 전은 한자로 前이라고 쓰는데 '앞'을 뜻해. 후는 한자로 後라고 쓰는데 '뒤'를 나타내는 말이야.

코마 아하! 전항은 앞에 있는 수, 후항은 뒤에 있는 수네.

매쓰워치 맞아. 어떤 비에서 전항과 후항에 같은 수를 곱하면 비는 같아. 2:3을 봐. 전항은 2이고 후항은 3이지? 전항과 후항에 똑같이 2를 곱하면 4:6이 되잖아? 이 두 비는 같아져. 이것을 2:3=4:6처럼 쓰지.

코마 전항과 후항에 똑같이 3을 곱하면 6:9가 되니까 이 두 비는 같아져서 2:3=6:9가 되는군.

매쓰워치 맞아. 그러니까 2:3=4:6=6:9가 되는 거야.

코마 전항과 후항을 똑같은 수로 나누면 어떻게 돼?

매쓰워치 그때도 비는 같아. 6:9를 봐. 전항과 후항을 3으로 나눠 봐.

코마 2:3이 되니까 같아지네.

매쓰워치 전항과 후항에 같은 수를 곱해도, 같은 수로 나누어도 비는 달라지지 않아.

베드몬 비의 전항과 후항은 항상 자연수이어야 해?

매쓰워치 그렇진 않아. 예를 들어, 3.2:1.8과 같이 소수로 비를 쓸 수도 있어.

코마 조금 복잡하네.

매쓰워치 자연수가 아니라서 그래. 하지만 비의 성질을 이용하면 자연수의 비로 바꿀 수도 있어.

코마 소수의 비를 어떻게 자연수의 비로 바꿔?

매쓰워치 같은 수를 곱해도 비가 달라지지 않으니까 전항과 후항에 10을 곱해 봐.

베드몬 내가 해 볼게. 3.2:1.8에서 전항과 후항에 10을 곱하면 32:18이 돼. 자연수의 비가 됐네.

매쓰워치 더 작은 자연수의 비로 고칠 수도 있어.

코마 어떻게 하면 되지?

매쓰워치 전항과 후항의 최대 공약수는 뭐지?

베드몬 32와 18의 최대 공약수는 2야.

매쓰워치 전항과 후항을 똑같이 최대 공약수인 2로 나누면 돼. 그러면 16:9가 되네.

베드몬 어디서 많이 보던 비인데?

매쓰워치 맞아. TV나 영화관 스크린의 가로:세로의 비로 보통 16:9를 많이 사용해.

베드몬 생활 속에서 이런 비가 나타나는 경우가 또 있어? 주변에서 비를 찾아보는 게 재미있네!

매쓰워치 물론. 서로 다른 가로와 세로의 비를 가진 국기들이 있어. 다음 국기를 봐.

베드몬 스위스 국기네? 가로와 세로의 비가 1:1이네.

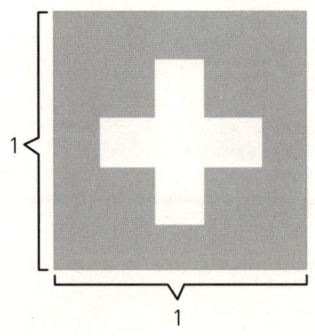

가로 : 세로 = 1:1

코마 우와! 정사각형 모양의 국기네?

매쓰워치 맞아! 정사각형 모양인데 종종 가로를 길게 잘못 그린 모양이 등장하곤 하지!

코마 우리나라 국기인 태극기는 가로와 세로의 비가 3:2 정도 될 것 같아.

매쓰워치 맞아. 태극기는 3:2야. 그리고 캐나다 국기는 가로와 세로의 비가 2:1이야.

가로 : 세로 = 3:2

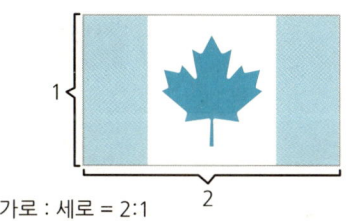

가로 : 세로 = 2:1

베드몬 여기 좀 봐! 노르웨이 국기는 내가 재 봤는데 가로와 세로의 비가 11:8이야.

가로 : 세로 = 11:8

코마 11:8이라고? 흔하지 않은 비를 가진 것 같아.

매쓰워치 맞아. 스위스 국기나 노르웨이의 국기처럼 흔하지 않은 비를 가진 국기들을 찾아보는 재미도 있어.

기준량에 대한 비교하는 양의 크기
비율 이야기

매쓰워치 앞에서 비와 비의 성질에 대해 살펴봤으니 이제 비율에 대해 알아볼까? 예를 들어, 미나네 모둠에 남학생이 5명, 여학생이 3명이라고 해 봐. 전체 학생 수는 몇 명이지?

코마 8명이지.

매쓰워치 전체 학생 수 8명을 기준으로 남학생 수를 비교할 때 전체 학생 수 8명을 기준량, 남학생 5명을 비교하는 양이라고 불러. 이때 기준량에 대한 비교하는 양의 크기를 비율이라고 불러.

$$(비율) = (비교하는 양) \div (기준량) = \frac{(비교하는 양)}{(기준량)}$$

코마 전체 학생 수에 대한 남학생의 비율을 구하면 기준량이 8이고 비교하는 양이 5이므로 $\frac{5}{8}$가 되네.

매쓰워치 잘했어. 이렇게 비율은 주로 분수나 소수를 이용해 나타내.

베드몬 전체 학생 수에 대한 여학생의 비율을 구하면 기준량이 8이고 비교하는 양이 3이므로 $\frac{3}{8}$이 되네.

매쓰워치 둘 다 비율을 완벽하게 이해했네. 그럼 다시 수학툰 속 이야기를 자세히 살펴볼까? 두 가족의 전체 지출을 기준량으로 하고 식비를 비교하는 양이라고 할 때 식비의 비율을 구해 봐.

베드몬 가족 A는 식비의 비율이 $\frac{140}{200}=0.7$이야.

코마 가족 B는 식비의 비율이 $\frac{60}{200}=0.3$이네.

베드몬 매쓰워치, 그런데 식비의 비율은 왜 구하는 거야?

매쓰워치 1857년 독일의 통계학자 엥겔은 한 집안의 지출에 대한 식비의 비에 대해 연구했어. 엥겔은 소득이 낮을수록 식비의 비율이 높다는 것을 알아냈는데 이것을 엥겔의 법칙이라고 불러. 이때 식비의 비율을 엥겔 지수 또는 엥겔 계수라고 불러.

베드몬 하지만 이 두 가족은 소득이 같잖아?

매쓰워치 그렇지. 이 경우 가족 A가 엥겔 계수가 높은 건 먹는 걸 낙으로 삼기 때문이야. 그래서 여행도 문화 생활도 없는 거지.

코마 그래, 수학툰 속에서 너무 먹기만 하더라고. 난 적당히 먹어야겠어!

▶▶▶ 개념 정리 QUIZ

1. 다음 그림에서 흰색 부분에 대한 색칠된 부분의 비를 구하라.

2. 0.6:1.4를 가장 간단한 자연수의 비로 나타내라.

3. $\frac{1}{2} : \frac{1}{3}$ 을 가장 간단한 자연수의 비로 나타내라.

※ Quiz의 정답은 129쪽에 있습니다.

▶▶▶ **개념 다지기** ◆ 정완상 교수의 QR 강의

비례식

2:3=4:6과 같이 두 비를 등호(=)가 있는 식(등식)으로 나타낸 것을 비례식이라고 해요. 비례식에서 안쪽에 있는 두 수 3과 4를 내항이라고 하고 바깥쪽에 있는 두 수 2와 6을 외항이라고 부릅니다. 이때 내항끼리의 곱은 3×4=12이고 외항끼리의 곱은 2×6=12가 됩니다. 이렇게 비례식에서 내항끼리의 곱과 외항끼리의 곱은 항상 같습니다.

비례식의 성질을 이용해서 다음 문제를 풀어 봅시다.

> 다음 □ 안에 알맞은 수를 써 넣어라.
> $\frac{1}{2} : \frac{2}{3} = □ : 8$

$\frac{1}{2} : \frac{2}{3}$ 의 각항에 6을 곱하면 3:4가 되므로 주어진 비례식은 3:4=□:8이고, 내항끼리의 곱과 외항끼리의 곱은 같으니까 4×□=3×8이 되고, 4×□=24=4×6이 되지요.

그러므로 □=6이 됩니다.

QR코드를 통해 정완상 교수의 강의를 직접 들어 봅시다.

비율의 응용과 연비

앞서 다룬 비와 비의 성질 그리고 비율을 응용해 보자. 그리고 세 종류 이상의 수를 비로 나타낸 연비에 대해서도 살펴보자. 전체를 주어진 비로 나누는 비례 배분과 비례 배분의 응용에 대해서도 알아보자. 여기에서는 문제를 풀 때 실수하기 쉬운 단위를 통일하는 방법에 대해서도 다룬다. 예를 들면, 1시간을 분으로 고쳐 60분으로 나타내거나 반대로 30분을 시간으로 고쳐 0.5시간 등으로 나타내 단위를 통일하는 방법이다.

비율의 응용
콩쥐의 물 채우기 문제

〈코마〉 이번 수학툰은 정말 만화 영화 한 편을 본 느낌이었어!

〈매쓰워치〉 내가 잘 만들었지? 수학툰 속에 등장했던 이런 문제를 물 채우기 문제라고 해. 다른 문제를 하나 해결해 볼까? 다음 그림과 같이 두 개의 통(통 A와 통 B)에서 물이 흘러나와 바닥에 있는 통 C에 물이 담기고 있어. 통 C는 처음에는 비어 있었지.

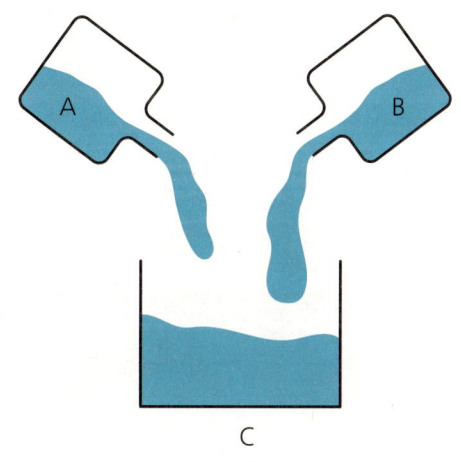

〈베드몬〉 통 A에서 나오는 물과 통 B에서 나오는 물이 합쳐져서 빈 통 C에 들어가는 거네?

〈매쓰워치〉 맞아. 통 A에서는 2시간에 5리터의 물이 나와. 통 B에서는 30분에 0.75리터의 물이 나와. 그럼 언제 통 C에 물이 가득 채워지지?

베드몬 그렇게만 알려 주면 계산을 못하지. 조건이 하나 빠졌잖아. 통 C의 부피를 알아야 해.

매쓰워치 앗! 나의 실수. 베드몬! 네 말이 맞아. 통 C의 부피가 20리터라고 하면 계산할 수 있겠지?

코마 나는 갑자기 머릿속이 복잡해지는데.

매쓰워치 이런 문제에서는 시간을 통일해야 해.

코마 어떻게?

매쓰워치 1시간에 나오는 물의 양을 생각해야 해.

베드몬 통 A는 2시간에 5리터가 나오니까, 1시간에는 2.5리터가 나오는군.

매쓰워치 맞아. 통 A에서 한 시간 동안 나오는 물의 양을 □리터라고 하면 2시간:5리터=1시간:□리터가 돼. 비례식의 성질을 이용하면 2×□=5×1이니까 여기서 □를 구하면 2.5가 돼.

코마 그렇다면 통 B에서는 30분에 0.75리터가 나오니까 한 시간 동안 나오는 물의 양을 △리터라고 하면 30:0.75=1:△에서 △를 구하면 되겠군!

매쓰워치 아니야. 30분과 1시간은 단위가 맞지 않아. 시간의 단위를 통일해야 해.

베드몬 30분을 시간으로 고치면 0.5시간이야. 그러니까 0.5:0.75=1:△에서 △를 구하면 돼. 0.5:0.75을 자연수의 비로 바꾸려면 각 항에 100을 곱하면 되겠네. 0.5×100=50, 0.75×100=75이므로 0.5:0.75=50:75가

48

되지. 그런데 각항을 같은 수로 나누어도 비가 달라지지 않잖아? 그러니까 각항을 25로 나눠 보면 50:75=2:3이 되고 0.5:0.75=2:3이 되네. 그러니까 비례식 0.5:0.75=1:△는 2:3=1:△이 되고, 비례식의 성질을 이용하면 2×△=3×1이 돼. 그러니까 △=1.5가 되네. 즉, 통 B에서는 한 시간에 1.5리터의 물이 나와.

매쓰워치 잘했어. 통 A에서는 한 시간에 2.5리터의 물이 나오고 통 B에서는 한 시간에 1.5리터의 물이 나오니까, 한 시간 동안 통 C로 흘러 들어가는 물의 양은 2.5+1.5=4(리터)가 돼.

베드몬 한 시간에 4리터씩 채울 수 있고 통 C의 부피는 20리터이니까 통 C를 가득 채우는데 걸리는 시간은 20÷4=5(시간)이 되는군.

매쓰워치 베드몬! 잘했어!

베드몬 이쯤이야, 뭐.

세 종류 이상의 수를 비로 나타내라고?
연비

코마 구해 줘서 고마워, 매쓰워치! 그런데 어떻게 검은 구슬의 수는 60개, 하얀 구슬의 수는 40개, 빨간 구슬의 수는 50개인 줄 알았지?

베드몬 매쓰워치가 투시력이 있나 봐.

매쓰워치 투시력이 아니라 수학이야. 세 구슬들 사이의 비를 구해야 하는데, 두 구슬 사이의 비만 나와 있잖아. 검은 구슬:하얀 구슬=3:2, 하얀 구슬:빨간 구슬=4:5라고 했었지?

베드몬 맞아.

매쓰워치 그런데 비에서는 전항과 후항에 같은 수를 곱해도 비가 달라지지 않으니까 3:2=6:4와 같아.

코마 그러면 검은 구슬:하얀 구슬=6:4와 같겠네. 하얀 구슬:빨간 구슬=4:5라고 했으니까….

매쓰워치 하얀 구슬 쪽이 4로 같아졌지? 그러니까 검은 구슬, 하얀 구슬, 빨간 구슬의 비는 검은 구슬:하얀 구슬:빨간 구슬=6:4:5가 돼. 이렇게 세 종류 이상의 수를 비로 나타낸 것을 연비라고 불러.

코마 그렇다고 해도 검은 구슬, 하얀 구슬, 빨간 구슬 각각의 개수는 어떻게 구하지?

매쓰워치 전체를 주어진 비로 나누는 것을 비례 배분이라고 불러. 예를 들어 공책 24권을 형과 동생의 비가 3:1이 되게 비례 배분하면 다음과 같이 계산할 수 있어.

형: $24 \times \dfrac{3}{3+1} = 24 \times \dfrac{3}{4} = 18$(권)

동생: $24 \times \dfrac{1}{3+1} = 24 \times \dfrac{1}{4} = 6$(권)

이 방법을 세 구슬 사이의 연비에 이용하면 돼. 전체 구슬의 수가 150개니까 비례 배분 공식을 이용하면 각각의 구슬 수는 다음과 같게 돼.

(검은 구슬의 수)$=150 \times \dfrac{6}{6+4+5} = 150 \times \dfrac{6}{15} = 60$(개)

(하얀 구슬의 수)$=150 \times \dfrac{4}{6+4+5} = 150 \times \dfrac{4}{15} = 40$(개)

(빨간 구슬의 수)$=150 \times \dfrac{5}{6+4+5} = 150 \times \dfrac{5}{15} = 50$(개)

베드로 아하!

매쓰워치 두 비의 관계를 연비로 나타내는 일반적인 방법을 살펴볼까? 가:나=2:5이고, 나:다=3:2일 때 연비 가:나:다를 구해 보는 거야. 우선 다음과 같이 써 두는 거야.

가:나=2:5

나:다=3:2

코마 그다음은?

매쓰워치 이때 연비 가:나:다 는 다음과 같이 계산하면 돼.

가:나:다$=2 \times 3 : 5 \times 3 : 5 \times 2 = 6:15:10$

베드로 간단하군.

〈코마〉 잠깐만 자세히 좀 봐야겠어. 두 개의 비를 합치면서 마치 분수를 계산할 때 분모를 통분하는 것처럼 서로의 항에다 곱해서 연비를 만들었구나. 신기하네. 그래도 쉽지는 않다!

▶▶▶ 개념 정리 QUIZ

1. 학수와 태호의 몸무게의 비는 2:3이고, 태호와 병식의 몸무게의 비는 2:1일 때 학수와 태호와 병식이의 몸무게의 비는 얼마인가?

2. 연필 12자루를 형과 동생에게 2:1로 비례 배분하면 형의 연필은 몇 자루인가?

3. A와 B의 비가 2:3이고, B와 C의 비가 3:5 그리고 C와 D의 비가 5:7일 때 A:B:C:D를 구하면?

※ Quiz의 정답은 130쪽에 있습니다.

◆ 정완상 교수의 QR 강의

▶▶▶ 개념 다지기

비례 배분의 응용

먼저, 다음 문제를 봅시다.

> 주머니 속에 검은 구슬과 하얀 구슬이 5:6의 비로 들어 있다. 이 주머니에 검은 구슬 몇 개를 더 넣으면 구슬의 비가 35:36이 될까? 검은 구슬을 더 넣은 후 검은 구슬과 하얀 구슬의 수를 합친 개수는 568개이다.

검은 구슬을 더 넣은 후에 검은 구슬과 하얀 구슬의 비를 알고 두 구슬의 개수의 합을 아니까 각각의 구슬의 개수를 구할 수 있어요. 검은 구슬의 개수는 $568 \times \dfrac{35}{35+36} = 280$(개)이고, 하얀 구슬의 개수는 $568 \times \dfrac{36}{35+36} = 288$(개)가 되지요.

이제 더 넣은 검은 구슬의 수를 □라고 하면 검은 구슬을 더 넣기 전의 검은 구슬의 수는 280-□가 되고, 하얀 구슬의 개수는 변함없이 288개가 됩니다. 그런데 두 구슬의 비가 5:6이니까 280-□:288=5:6이라고 쓸 수 있어요. 비례식의 성질을 이용하면 6×(280-□)=5×288이 되고 정리하면, 6×(280-□)=1440이 되지요.

양변을 6으로 나누면 280-□=240이 되니까 결국, 더 넣은 검은 구슬의 수 □=40(개)가 됩니다.

QR코드를 통해 정완상 교수의 강의를 직접 들어 봅시다.

GAME 3

속력

스피돈 왕국으로 떠난 코마와 매쓰워치는 호수 둘레의 길이를 구하기 위해 베드몬이 변신한 자동차를 타고 서로 다른 속력으로, 반대 방향으로 달리기 시작한다. 매쓰워치는 두 자동차가 만날 때까지 걸린 시간을 이용해 호수 둘레의 길이를 간단하게 계산해 낸다. 여기에서는 떨어진 거리에 관한 문제, 터널을 지나는 기차 문제, 지진이 일어난 위치를 파악하는 것도 속력과 걸리는 시간을 이용해 풀어낸다. 쉬운 것 같지만 빠지기 쉬운 함정도 있으니 삼총사와 함께 잘 파악해 두자.

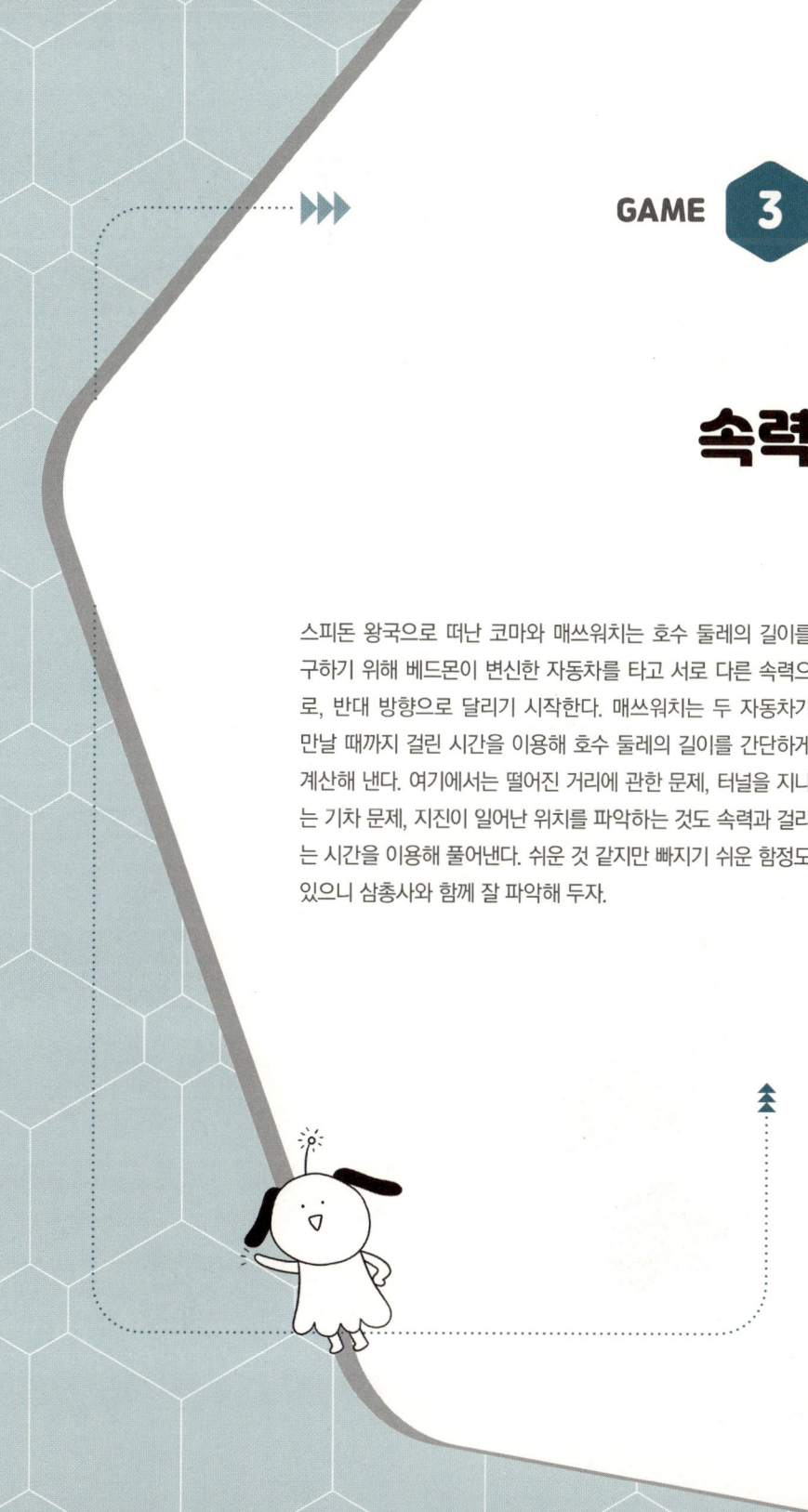

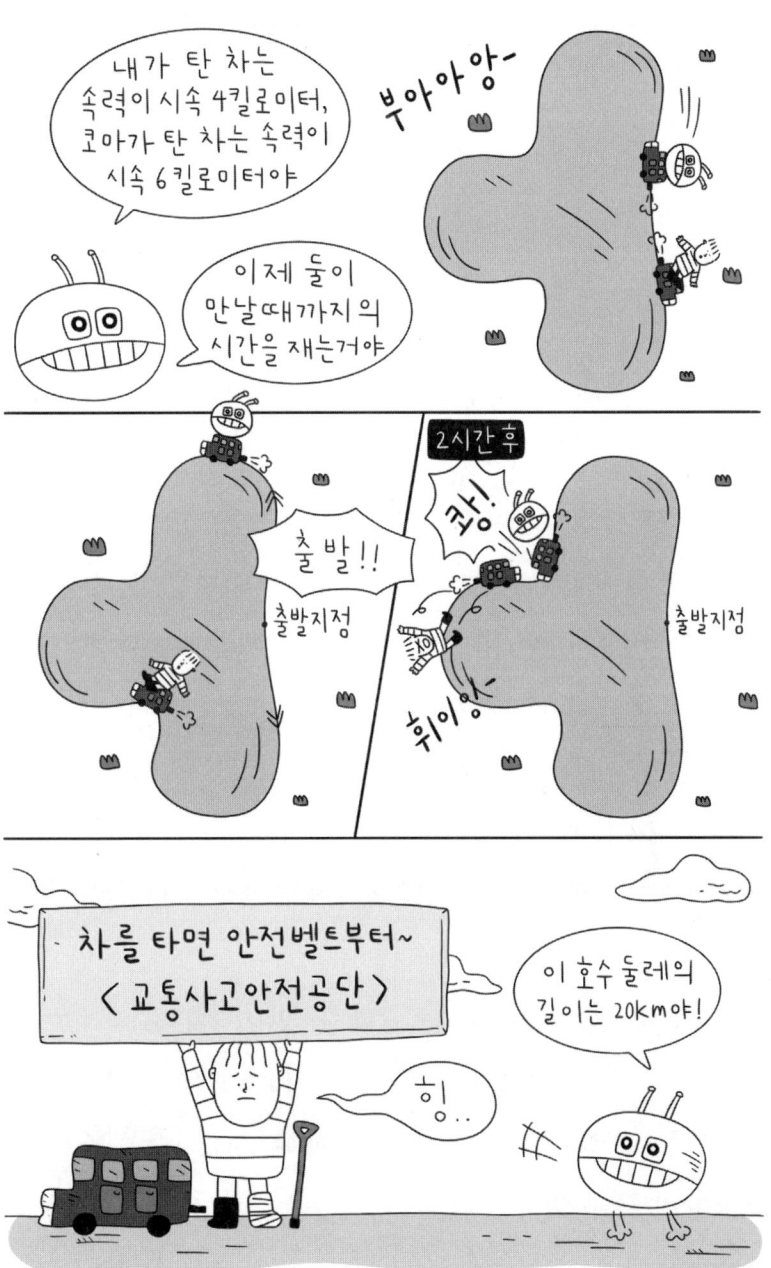

호수 둘레의 길이를 구하라
속력

매쓰워치 속력은 움직인 거리를 시간으로 나눈 값이야.

베드몬 속력이 크다는 건 빠르다는 뜻이지?

매쓰워치 물론이지.

코마 왜 거리를 시간으로 나누지? 육상 종목에서는 시간이 적게 걸린 사람이 빠른 사람이잖아? 그러면 그냥 시간만 따지면 되는 거 아냐?

매쓰워치 올림픽 육상 종목은 선수들이 같은 거리를 달리잖아? 그러니까 시간만 따지면 돼. 하지만 두 사람이 다른 거리를 달리는 경우를 생각해 봐. 베드몬이 100m를 10초에 뛰었고 코마가 200m를 25초에 뛰었다고 해 봐. 누가 더 빠를까?

베드몬 내가 더 빠르지 않아?

코마 내가 더 빠른 거 같은데.

매쓰워치 서로 다른 거리를 뛴 경우에 누가 더 빠른지를 비교하기 위해 속력이 필요해. 공평하게 비교하려면 두 사람이 같은 시간 동안 간 거리를 비교해야 해. 두 사람이 1초 동안 움직인 거리를 비교하려면 비례식을 세우면 돼. 우선 베드몬은 100미터를 10초에 뛰니까 1초 동안 뛴 거리를 □라고 하면 다음과 같은 비례식이 돼. 100m:10초=□m:1초

베드몬 비례식을 풀어 보면 □=10이 되겠네.

매쓰워치 맞아. 베드몬은 1초 동안 10미터를 달릴 수 있지. 이것을 '베드

몬의 속력은 초속 10미터이다'라고 말할 수 있어.

<코마> 그럼, 나는?

<매쓰워치> 코마는 200미터를 25초에 뛰니까 비례식으로는 다음과 같겠지? 200m:25초=□m:1초

<베드몬> □=8이니까 코마의 속력은 초속 8미터가 되는군. 나의 속력이 초속 10미터로 더 크니까 내가 더 빨라.

<코마> 그렇구나. 매쓰워치! 수학툰에서 어떻게 호수 둘레의 길이가 20킬로미터인 걸 바로 알았어?

<매쓰워치> 이것은 마주 보고 달리기 문제야. 예를 들어, 베드몬과 코마가 서로 마주 보고 서 있다고 해 봐. 두 사람은 서로 30미터 떨어져 있어. 코마의 속력을 초속 4미터, 베드몬의 속력를 초속 6미터라고 해 봐. 1초 후 두 사람의 위치는 각각 4미터, 6미터를 이동했겠지?

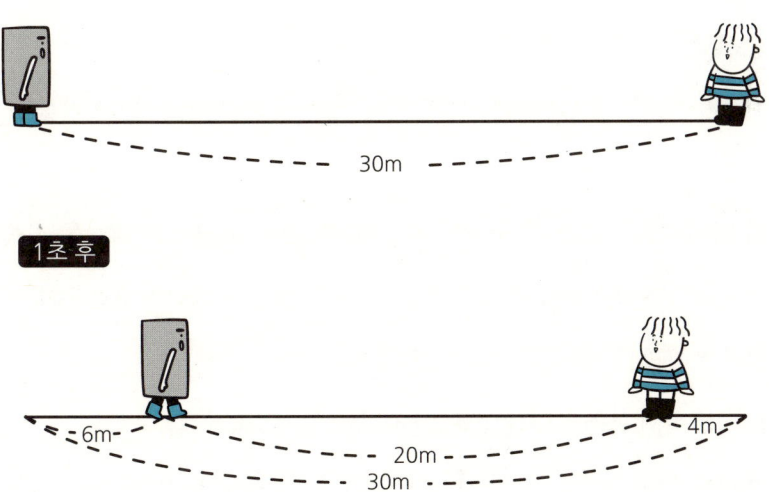

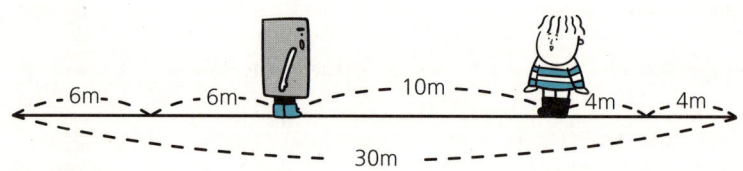

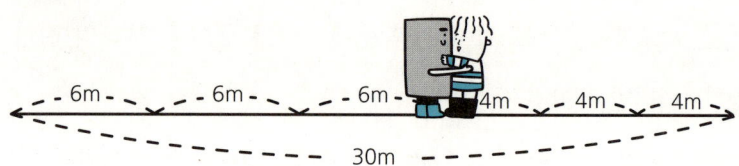

이제 남아 있는 거리는 20미터야. 그럼 출발해서 2초 후 두 사람의 위치를 그려 볼게. 이제 남아 있는 거리는 10미터야. 그럼 출발해서 3초 후 두 사람의 위치를 또 그려 볼게.

베드몬 출발해서 3초 후에 둘이 만났어!

매쓰워치 맞아. 이렇게 마주 보고 걸을 때 두 사람이 만나는 시간을 구하면 3초 후가 돼. 베드몬은 1초에 6미터를 가고 코마는 1초에 4미터를 가니까 1초 동안 두 사람이 움직인 거리는 (6+4)미터가 돼. 두 사람이 처음 30미터 떨어져 있었으니까 두 사람이 만나는 시각을 계산해 보면 30÷(6+4)=3(초)가 되는 거야.

베드몬 수학툰에서는 호수를 서로 반대 방향으로 돌았잖아?

매쓰워치 마찬가지야. 내가 탄 차는 속력이 시속 4킬로미터, 코마가 탄 차는 속력이 시속 6킬로미터였어. 내 차는 1시간에 4킬로미터를 가고 코마가 탄 차는 1시간에 6킬로미터를 가는 거지? 그러니까 두 차가 1시간 동안 움직인 거리는 10킬로미터야. 너희들은 잘 몰랐겠지만 우리가 서로 충돌하기까지 2시간이 걸렸어. 난 시간을 재 봤거든. 그러니 결국 2시간 동안 두 차가 움직인 거리는 20킬로미터가 되는데 이게 바로 호수 둘레의 길이가 되는 거야. 이것을 식으로 쓰면 (호수 둘레의 길이)=(코마가 탄 차의 속력+매쓰워치가 탄 차의 속력)×(충돌까지 걸린 시간)이 돼.

〈코마〉 속력을 나타낼 때 초속 몇 미터라고 쓰기도 하고, 시속 몇 킬로미터라고 쓰기도 하는데 그 차이는 뭐지?

〈매쓰워치〉 초속 □미터라는 것은 1초에 □미터를 간다는 뜻이고, 시속 △킬로미터라는 것은 1시간에 △킬로미터를 간다는 뜻이야. 그럼, 여기서 문제를 하나 내 볼까? 초속 10미터는 시속 몇 킬로미터일까?

〈코마〉 글쎄…. 난 바로 대답을 못하겠는데?

〈매쓰워치〉 이때는 시간을 먼저 초로 바꿔야 해. 1시간은 몇 분이지?

〈베드로〉 그거야, 당연히 1시간은 60분이지.

〈매쓰워치〉 그러면 1분은 몇 초야?

〈코마〉 1분은 60초야.

〈매쓰워치〉 그러니까 1(시간)=60(분)=60×60(초)=3600(초)가 돼.

〈베드로〉 거리의 단위도 미터와 킬로미터로 다르잖아?

〈매쓰워치〉 맞아. 1킬로미터=1000미터가 돼. 자, 그럼 초속 10미터는 1초 동안 10미터를 갔다는 뜻이니까 시간과 거리의 비로 나타내면 1초:10미터가 돼. 비의 각항에 같은 수를 곱해도 되니까 각 항에 3600을 곱해 봐.

<베드몬> 그러면 3600초:36000미터가 되네.

<코마> 3600초는 1시간이고, 36000미터는 36킬로미터이니까 1시간:36킬로미터라고 쓸 수 있겠어.

<베드몬> 아하! 한 시간 동안 36킬로미터를 가니까 시속 36킬로미터라고 하는구나.

<매쓰워치> 맞아. 그러니까 초속 10미터는 시속 36킬로미터와 같아.

<코마> 그럼, 초속 20미터는 시속 72킬로미터, 초속 30미터는 시속 108킬로미터가 되겠네.

<매쓰워치> 퍼펙트! 이제 속력에 대해 자신이 있어 하는 것 같으니 문제를 하나 낼게. 내가 시속 8킬로미터로 걷고 코마가 시속 6킬로미터로 걸어간다고 해 봐. 우린 같은 위치에서 동시에 출발했어. 3시간 후에 우리 두 사람의 거리는 어떻게 될까?

<코마> 한 시간 동안 매쓰워치와 나 사이에는 2킬로미터의 차이가 생기잖아? 그럼 2시간 동안에는 2×2=4(킬로미터)의 차이가 생길 거고, 3시간 동안에는 2×3=6(킬로미터)의 차이가 생겨.

<매쓰워치> 와우! 정확해, 코마! 대단한데? 자, 이번에 우리가 살펴볼 것은 우리가 등산을 가서 '야~호~' 소리를 쳤을 때 메아리 소리가 돌아온 시간으로 맞은편 산까지의 거리를 구하는 문제야.

<코마> 매쓰워치, 맞은편 산까지는 거리가 680미터라는 걸 어떻게 안 거지?

<매쓰워치> 메아리라는 건 소리가 맞은편 산에 부딪치고 다시 되돌아온 거잖아. 네가 벽에다 공을 던지면 공이 벽에 부딪치고 되돌아오듯이 말이야.

<코마> 그건 그런데 메아리를 통해 산까지의 거리를 어떻게 알아낸 것인지가 궁금해?

<매쓰워치> 소리의 속력을 알면 저 산까지의 거리를 알 수 있어. 네가 '야

호'를 한 순간부터 메아리 소리 '야호'가 들릴 때까지 시간을 재면 되거든. 그 시간을 재니 4초가 걸리더라고. 소리의 속력은 초속 340미터이니까 너의 소리가 4초 동안 간 거리는 340×4=1360(미터)가 되는 거야.

〖코마〗 그런데 매쓰워치는 1360미터가 아니라 680미터라고 했잖아? 왜 그런 거야?

〖매쓰워치〗 갔다가 되돌아오니까 같은 거리를 두 번 움직이는 거잖아. 그러니까 2로 나눠 줘야지. 이 방법은 바다의 깊이를 잴 때도 쓰여. 배를 타고 가면서 바다 밑바닥으로 소리를 보내지. 그리고 소리가 돌아올 때까지 걸린 시간을 재면 바다의 깊이를 잴 수 있어. 그래서 바다 밑이 어떤 모습인지를 알 수 있는 거야.

〖베드몬〗 신기하다!

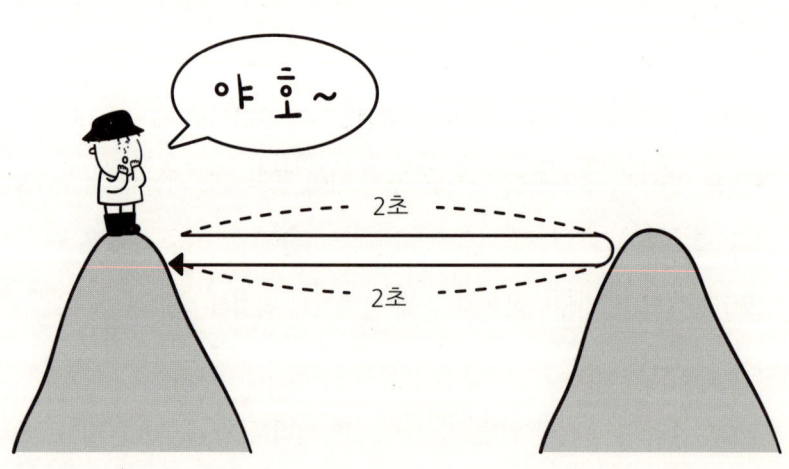

속력에 관한 문제에 대한 토론
떨어진 거리에 관한 문제

매쓰위치 자! 이제 속력을 이용하는 수학 문제를 몇 개 다루어 볼 거야.

베드몬 난 자신 있어.

매쓰위치 좋아. 떨어진 거리에 관한 문제야.

베드몬 1시간에 8킬로미터를 가는 희철이와 한 시간에 6킬로미터를 가는 현주가 동시에 출발하여 같은 방향으로 가고 있고, 3시간 후 두 사람이 떨어진 거리를 구하라는 거네?

코마 이런 문제는 배운 적 없는데.

매쓰위치 한 시간 후 두 사람의 떨어진 거리를 생각하면 돼.

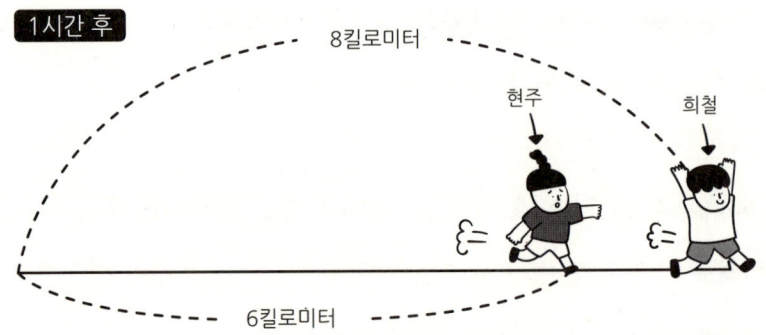

코마 그림을 보니까 알겠어. 한 시간 후 두 사람의 떨어진 거리는 8-6=2(킬로미터)가 돼. 2시간 동안에는 2×2=4(킬로미터)의 차이가 생길 거고. 3시간 동안에는 2×3=6(킬로미터)의 차이가 생기네.

매쓰워치 맞아. 식으로 나타내면 (3시간 동안의 거리 차이)=(1시간 동안

의 거리 차이)×3이야. 이건 엄청 중요해. 많은 문제에서 응용되거든. 서울역 그림을 봐. 같은 문제를 바꿔서 내 본 거야.

베드로 앗! 이것은 모르는 문제인데….

매쓰워치 좀 전에 봤던 문제하고 똑같아. 구하는 것이 달라졌을 뿐이지. 아까는 거리의 차이를 구한 거고 이번에는 시간을 구하는 거야. 두 기차가 1시간 달리면 떨어진 거리는 얼마지?

베드로 80-60=20이니까 20킬로미터야. 한 시간에 두 기차 사이의 거리는 20킬로미터가 차이 나거든. 그러니까 60킬로미터의 차이가 날 때까지 걸린 시간을 □시간이라고 하면 다음과 같은 비례식이 돼. 1:20=□:60

코마 아하! 이 비례식을 풀면 □=3이야. 그러니까 3시간이 답이야.

매쓰워치 잘했어. 이번에는 왕복 문제를 볼까?

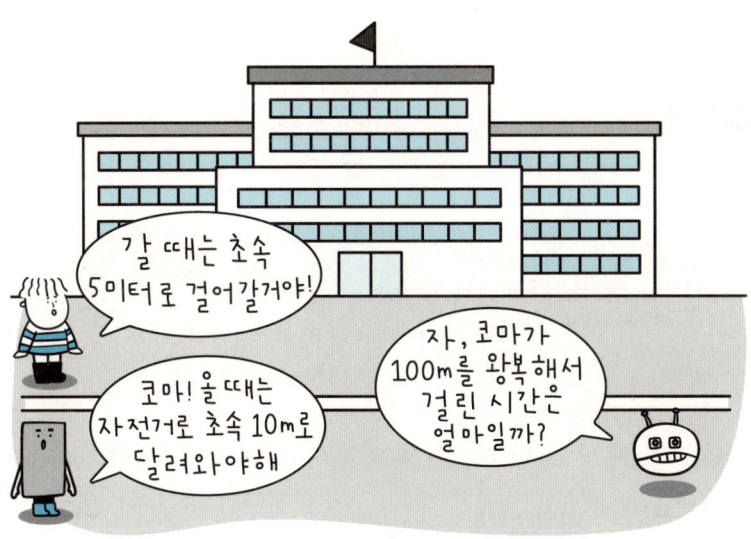

〔코마〕 왕복 거리는 200미터야. 그런데 오고 갈 때의 속력이 다른데 어떻게 계산하지?

〔애쓰워치〕 이럴 때는 갈 때와 올 때를 나누어서 시간을 계산해야 해. 코마, 네가 갈 때 걸린 시간은 구할 수 있어?

〔코마〕 초속 5미터로 걸어 갔으니까 $\frac{100}{5}$=20(초)가 걸려.

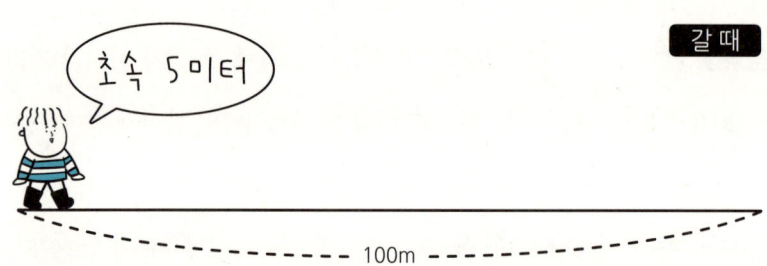

〔애쓰워치〕 올 때는 얼마나 걸릴까?

〔코마〕 초속 10미터로 오니까 $\frac{100}{10}$=10(초)가 걸려.

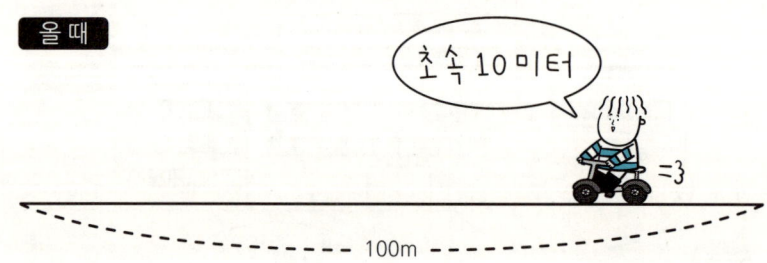

〔애쓰워치〕 (갈 때 걸린 시간)+(올 때 걸린 시간)=(총 걸린 시간)이니까 코마는 총 30초가 걸린 거야.

코마 그렇구나.

매쓰워치 좋아. 다음 문제도 살펴볼까? 코마는 초속 10미터로 달리고, 베드몬은 초속 5미터로 달려. 베드몬이 느리게 달리니까 10미터 앞에서 출발하기로 했다면, 코마와 베드몬은 달리기 시작해서 몇 초 후에 만나게 될까?

베드몬 우와, 어렵다. 난 잘 모르겠어.

코마 정말 너무 어려워. 문제를 이해하는 것도 어렵다.

매쓰워치 그렇게 어렵지만은 않아. 시간에 따라 그림을 그려 보면 돼.

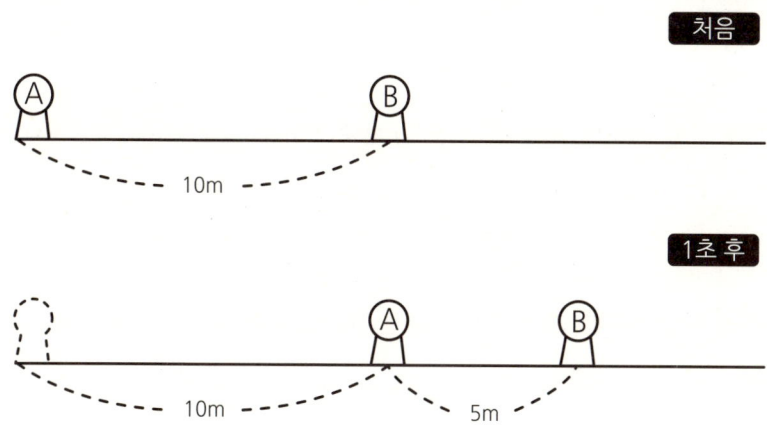

2초 후

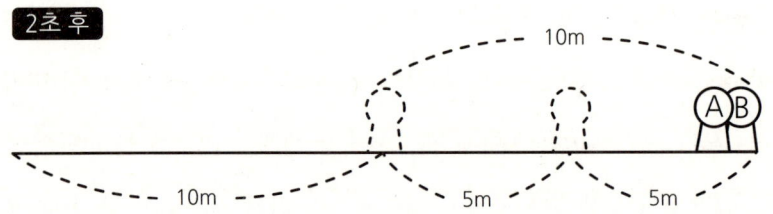

베드몬 코마랑 내가 출발한 후 2초만에 만나네?

매쓰워치 자세히 설명해 줄게. 코마가 10m 뒤에서 뛰니까 두 사람이 만나려면 (코마가 뛴 거리)=(베드몬이 뛴 거리)+10이 되어야 해.
(코마가 2초 동안 뛴 거리)=(코마의 속력)×(시간)=10×2=20(미터)
(베드몬이 2초 동안 뛴 거리)=(베드몬의 속력)×(시간)=5×2=10(미터)
그러니까 (코마가 2초 동안 뛴 거리)=(베드몬이 2초 동안 뛴 거리)+10이 되어, 두 사람은 2초 후에 만나게 되는 거야.

코마 그런데 꼭 그림을 그려야 해?

매쓰워치 아니. 만약 답이 100초라면 100장의 그림을 그려야 하잖아.

베드몬 그럼 어떻게 풀지?

매쓰워치 이럴 때는 문제에서 모르는 것을 □라고 놓고 □를 구하면 돼. 내가 □를 써서 문제를 바꿔 볼게. 초속 10m로 달리는 A와 초속 5m로 달리는 B가 있다. B는 A보다 10m 앞에서 출발했다. □초 후에 A는 B를 만난다.

코마 그렇다면 (A가 □초 동안 뛴 거리)=(B가 □초 동안 뛴 거리)+10이니까 10×□=5×□+10이네. 그런데 □를 어떻게 구하지?

매쓰워치 분배 법칙을 이용하면 돼. 10×□=(5+5)×□=5×□+5×□이니까 5×□+5×□=5×□+10이 되잖아? 그러니까 5×□=10이면 돼. 여기서 □를 구하면 □=2가 되지? 그러니까 두 사람은 2초 후에 만나게 되는 거야.

베드몬 그렇군!

기차의 길이를 무시하면 생기는 오류
터널을 지나는 기차 문제

코아 왜 울트라 슈퍼 트레인의 속력이 바뀌었지?

매쓰워치 이 문제는 기차와 터널 문제라는 아주 중요한 문제야. 기차의 길이를 무시할 수 없기 때문에 터널을 통과할 때 기차의 속력을 계산하는 문제에서는 조심을 해야 해. 그림으로 그리면서 천천히 살펴볼까? 처음 기차는 이 그림처럼 터널 입구에 있었어.

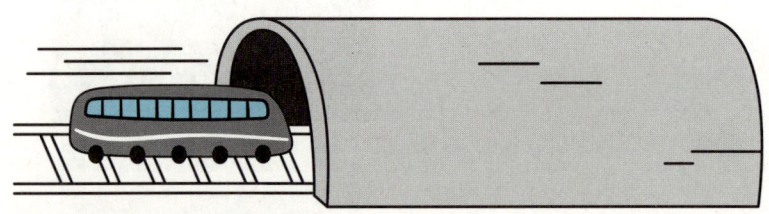

기차가 터널의 길이인 27킬로미터를 달리면 다음 그림과 같아. 터널 속에서 나오기 직전이니 기차의 위치를 점선으로 나타냈어.

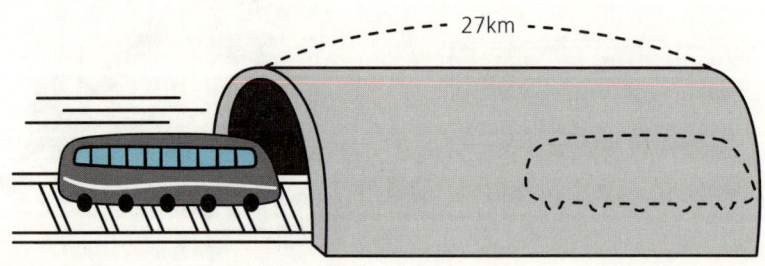

방송에서 진행자가 잰 시간은 기차가 터널을 완전히 통과했을 때야. 그림으로 그려 보면 다음과 같아.

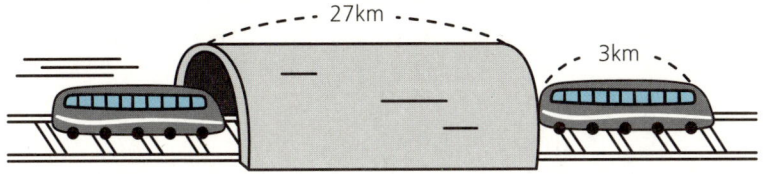

이때 기차가 달린 거리는 27킬로미터에 기차의 길이 3미터를 더한 30킬로미터가 돼. 진행자는 처음에 기차가 27킬로미터를 5분에 달렸다고 생각하고 속력을 시속 324킬로미터라고 했거든. 그런데 사실 기차가 달린 거리는 총 30킬로미터이까 기차의 속력은 시속 360킬로미터가 맞는 거야.

베드몬 그렇구나.

코마 그래, 터널을 완전히 통과해 버리면 기차의 길이만큼 더 달린 게 맞네. 그나저나 울트라 슈퍼 트레인이라더니 기차의 길이가 3킬로미터라니 엄청 길구나.

>>> 개념 정리 QUIZ

1. 환희는 자전거를 타고 시속 20킬로미터로 30분 동안 달렸다. 환희가 간 거리는 얼마인가?

2. 시속 4킬로미터로 걷는 사람과 시속 6킬로미터로 달리는 사람이 어떤 도로를 서로 마주 보고 걸어서 30분 후에 만났다. 이 도로의 길이는 얼마인가?

3. 시속 800킬로미터로 가는 비행기가 1시간 15분 동안 간 거리는 얼마인가?

※ Quiz의 정답은 131쪽에 있습니다.

▶▶▶ 개념 다지기   ● 정완상 교수의 QR 강의

지진이 일어난 곳의 위치

지진은 지구 안쪽에서 생겨서 지각을 거쳐 표면으로 오는 파동인데, 두 개의 파동이 동시에 생기지요. 하나는 P파라는 파동인데 지진계에 약하게 감지되는 파동입니다. 또 다른 하나는 S파라고 하는데 지진계에 아주 크게 감지되는 파동입니다. 두 파동의 속력은 달라요. P파는 초속 8킬로미터로 오고 S파는 초속 4킬로미터로 옵니다. 과학자들은 지진이 발생한 곳에서 오는 두 개의 파동의 속력이 서로 다르다는 사실로부터 지진이 땅속 몇 킬로미터 지점에서 발생했는지를 알아냅니다. 예를 들어, P파가 도착하고 나서 S파가 도착할 때까지 20초가 걸렸고 지진이 발생한 곳이 땅속 □킬로미터라고 가정해 봅시다.

그러면 P파에 대해서는 □=(P파 속력)×(P파 도착 시간)=8×(P파 도착 시간), S파에 대해서는 □=(S파 속력)×(S파 도착 시간)=4×(S파 도착 시간)이 됩니다.

그러므로 (P파 도착 시간)=$\frac{1}{8}$×□, (S파 도착 시간)=$\frac{1}{4}$×□가 되지요.

P파가 도착하고 나서 S파가 도착할 때까지 20초가 걸렸다고 가정했으므로, $\frac{1}{4}$×□－$\frac{1}{8}$×□=20이 됩니다.

이 식의 양변에 8을 곱하면 2×□－□=160이므로 □=160입니다.

그러므로 지진이 발생한 곳은 땅속 160킬로미터 지점이라는 계산이 나옵니다.

QR코드를 통해 정완상 교수의 강의를 직접 들어 봅시다.

GAME 4

농도

여기에서는 수학 교과서에서 굉장히 중요하게 다뤄지는 소금물의 농도에 대해 다룬다. 또 물건을 사 온 가격인 원가, 물건을 팔기 위해 매겨진 가격인 정가에 대해서도 다룬다. 정가를 할인해서 팔 경우 실제로 물건을 판매한 가격인 판매가에 대해서도 살펴본다. 마지막으로 QR 코드로 연결되는 저자의 동영상 강의에서는 본문에서 다룬 농도에 관한 응용 문제들을 좀 더 자세히 다룬다.

수학툰

고독한 미식가와 삼색 누룽지탕
소금물의 농도

코마) 소금물의 농도가 정확히 무슨 뜻인지 잘 모르겠어.

매쓰워치) 소금물은 물 속에 소금을 녹인 것을 말해. 이렇게 물 속에 다른 고체 물질이 녹아 있는 것을 용액이라고 불러.

코마) 소금물도 용액이구나.

매쓰워치) 맞아. 이 소금물 용액의 농도는 소금물의 양에 대한 소금의 양의 비율을 퍼센트로 나타낸 것을 말해.

코마) 퍼센트? 전에 배웠는데 다시 한 번 설명해 줘.

매쓰워치) 퍼센트는 전체를 100으로 놓았을 때 어떤 대상이 차지하는 비율을 말해.

베드몬) 아직 잘 이해가 안 돼.

매쓰워치) 우리 반에 여학생이 30명 남학생이 20명이라고 해 봐. 그럼 여학생의 비율을 어떻게 되지?

베드몬) 전체 학생수가 50명이고 여학생은 30명이니까 여학생의 비율은 $\frac{30}{50}$이지.

매쓰워치) 이번에는 전체를 100이라고 하고 여학생의 수를 구해 봐.

코마) 그건 비례식을 세우면 돼. 전체 학생수가 100명일 때 여학생의 수를 □라고 하면 30:50=□:100이 되니까 50×□=30×100이 되어, 50×□=3000이 돼. 양변을 50으로 나누면 □=60이니까 전체 학생수가 100명이라면 여학생은 60명이 돼.

매쓰워치 잘했어. 이때 우리 반의 여학생의 퍼센트 비율은 60%라고 쓰고 60퍼센트라고 읽어.

코마 아하! 그러면 소금물에서 농도는 소금물에 대한 소금의 퍼센트 비율이니까 소금물의 양을 100그램이라고 했을 때 소금의 양을 구하면 되는 거네.

매쓰워치 맞아. 예를 들어 소금물 15그램 속에 소금이 3그램 녹아 있다고 해 봐. 소금물 100그램 속에 녹아 있는 소금을 □그램이라고 하면 15:3=100:□가 되지? 그러니까 15×□=300이 되고, 양변을 15로 나누면 □=20 그러니까 이 소금물의 농도는 20%가 되는 거야.

베드몬 일반적으로 소금물의 농도를 구하는 공식이 있어?

매쓰워치 물론이야. 조금 전 문제에서 농도 20%는 다음 식에서 나왔어. $20\% = \frac{3}{15} \times 100$이니까 소금물의 농도는 다음과 같이 구할 수 있어.

$$\text{소금물의 농도} = \frac{(\text{소금의 양(g)})}{(\text{소금물의 양(g)})} \times 100 (\%)$$

여기서 g는 그램을 말해. 이 식을 다시 쓰면 다음과 같다.

(소금의 양)=(소금물의 농도)×(소금물의 양)÷100

베드몬 같은 양의 소금물에서 농도가 클수록 소금의 양이 많구나.

매쓰워치 물론. 소금물의 농도가 높으면 짠 맛이 더 심해지지.

코마 수학툰에서 종업원이 가져다 준 1% 농도의 소금물에 물 100

그램을 넣어서 0.9%의 소금물이 됐다고 했는데, 그건 왜 그런 거야?

매쓰워치 간단해. 처음에 종업원이 가지고 온 소금물은 900그램이고 농도는 1%야. 그러니까 이 속에 들어 있는 소금의 양을 A그램이라고 하면 $1(\%) = \frac{A}{900} \times 100$이었지. 약분하면 $1(\%) = \frac{A}{9}$가 돼. 그러니까 A=9야.

베드몬 녹아 있는 소금의 양이 9그램이란 소리지?

매쓰워치 맞아. 이제 여기에 물을 B그램을 부어서 농도가 0.9%인 소금물을 만들어야 하잖아. 여기서 중요한 건 물을 더 부으면 소금의 양은 달라지지 않고 소금물의 양만 달라진다는 거야. 물을 B그램 부었을 때 소금물의 양은 (900+B)그램이 되잖아? 이 소금물의 소금의 양은 그대로 9그램이고.

코마 B는 어떻게 구하지?

매쓰워치 농도가 0.9%가 되게 하는 B를 찾으면 돼. 그러니까 $0.9(\%) = \frac{9}{900+B} \times 100$에서 양변에 900+B를 곱하면 $0.9 \times (900+B) = 900$이 되지? 양변을 0.9로 나누면 900+B=1000이니까 B=100이야. 즉, 물 100그램을 더 부으면 0.9% 농도의 소금물이 되는 거지.

베드몬 이해했어.

세일 판매
원가와 판매가

코마 도대체 왜인지 이유를 모르겠어. 나는 아이스크림 10개를 다 팔았는데, 원래 있었던 1000원에서 왜 100원이 모자란 거야? 다 팔았으니까 더 벌었어야 하는데 말이야.

매쓰워치 너는 너무 싸게 팔아서 그래. 나는 한 개에 100원에 사 온 아이스크림을 110원에 팔았어. 그러니까 한 개를 팔 때마다 10원을 벌었지. 그렇게 10개를 팔았으니까 나는 100원을 번 거야.

코마 나는 너보다 훨씬 비싼 150원으로 정가를 매겼잖아? 그럼 훨씬 많이 벌었어야 해.

베드몬 세일 판매가 문제였던 거 같아.

매쓰워치 맞아, 코마는 40% 세일을 했어. 40% 세일이란 정가에서 40%를 할인한 가격으로 판다는 뜻이야. 정가 150원의 40%는 $150 \times \frac{40}{100}$ =60(원)이거든. 그러니까 코마는 150원짜리 아이스크림을 60원 할인해서 팔았던 거야. 즉 코마는 아이스크림 한 개를 90원에 팔게 된 거지. 이렇게 할인 후 판매한 가격을 판매가라고 해.

베드몬 코마는 한 개에 100원에 사와서 90원에 팔았으니 하나 팔 때마다 10원씩 손해를 봤구나.

코마 뭐라고?

매쓰워치 맞아. 그러니까 10개를 팔면 100원을 손해 보게 된 거야. 그래서 원래 받은 돈 1000원에서 100원을 손해 본 900원만 너의 손에 있게 됐던 거고.

〈코난〉 아이고, 계산 좀 해 보고 세일할 것을 그랬어.

〈매쓰워치〉 그래서 물건을 팔 때는 원가와 정가 그리고 판매가를 모두 잘 따져 봐야 하는 거야.

〈코난〉 알겠어. 잘 기억해 둘게.

▶▶▶ 개념 정리 QUIZ

1. 농도 2% 소금물 300그램 속의 소금의 양은?

2. 소금 20그램을 물 180그램에 녹였다. 이 소금물의 농도는?

3. 정가가 250원인 물건을 60% 세일 판매할 때 이 물건의 판매가는 얼마인가?

※ Quiz의 정답은 132쪽에 있습니다.

>>> **개념 다지기** 　　　　　　● 정완상 교수의 QR 강의

농도에 관한 응용 문제
농도에 관한 다음 두 문제를 살펴봅시다.

> 농도가 5%인 소금물 200그램에 소금 50그램을 더 넣으면 소금물의 농도는 얼마가 되는가?

농도가 5%인 소금물 200그램 속의 소금의 양을 알아볼까요?
농도가 5%인 소금물 200그램 속의 (소금의 양)=$\frac{5}{100}×200=10$(그램)입니다. 그러므로 소금 50그램을 더 넣으면 소금의 양은 60그램이 되고, 소금물의 양은 250그램이 되므로 (소금물의 농도)=$\frac{60}{250}×100=24$(%)가 되지요.

> 농도가 10%인 소금물 300그램에서 물 100그램을 증발시키면 소금물의 농도는 얼마가 되는가?

농도가 10%인 소금물 300그램 속의 (소금의 양)=$\frac{10}{100}×300=30$(그램)입니다. 물을 증발시키면 소금의 양은 그대로이므로 소금의 양은 30그램이고 소금물의 양은 200그램이 됩니다.
그러므로 소금물의 농도는 $\frac{30}{200}×100=15$(%)가 되지요.

QR코드를 통해 정완상 교수의 강의를 직접 들어 봅시다.

GAME 5

닮음비

여기에서는 재미있게도 걸리버와 소인국 사람들의 키 차이를 통해 닮음비를 다룬다. 소인국 사람들과 걸리버는 키의 비가 1:12인데 부피의 비가 1:1728이 되므로 먹는 양이 걸리버가 1728배나 된다는 이야기는 놀랍기만 하다. 또 닮은 도형 두 개의 넓이의 비와 부피의 비에 대해서도 자세하게 설명한다. 마지막으로 서울 광장에 모인 수많은 사람들의 수를 어떻게 세는지 이야기하는데, 이 신기하기만 한 계산법에 함께 빠져 보자.

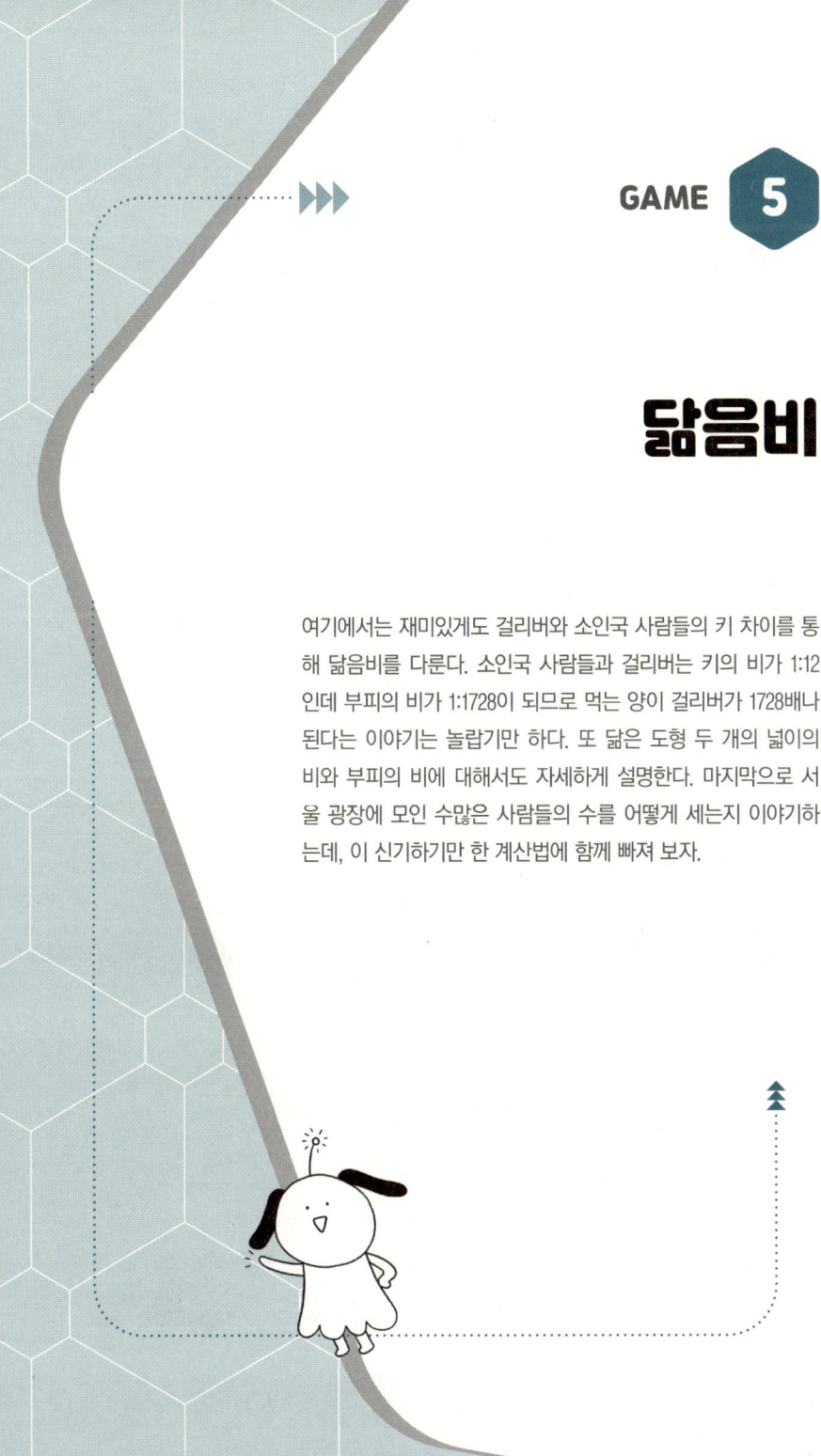

걸리버 여행기와 닮음비
두 정육면체의 넓이의 비와 부피의 비

코마 소인국 사람과 걸리버의 키의 비가 1:12인데 왜 걸리버의 한 끼 식사가 소인국 사람의 한 끼 식사보다 1728배나 많아야 하는 거야?

매쓰워치 키는 길이만을 따지는 것이잖아? 사람이 먹는 양은 사람의 부피가 클수록 많이 필요하다고 생각한 거지.

코마 소인국 사람의 부피와 걸리버의 부피의 비가 1:1728이야?

매쓰워치 맞아. 왜 그런지 설명해 줄게. 다음 두 정사각형을 봐.

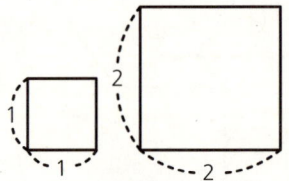

매쓰워치 두 정사각형의 한 변의 길이의 비는 얼마지?

코마 1cm와 2cm니까 1:2가 돼.

매쓰워치 두 정사각형의 넓이의 비는 얼마지?

코마 1×1=1(cm²)이고 2×2=4(cm²)이 되니까 1:4야.

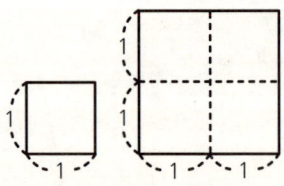

매쓰워치 맞아. 앞의 그림과 같지. 그러니까 넓이의 비는 1×1:2×2가 되는 거야. 이번에는 부피의 비를 알아보기 위해 다음 그림을 봐.

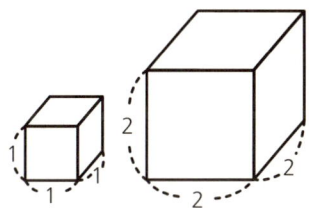

베드몬 두 정육면체의 한 변의 길이의 비는 1:2가 되는군.

매쓰워치 맞아. 이때 큰 정육면체 속에는 작은 정육면체가 8개 들어가지?

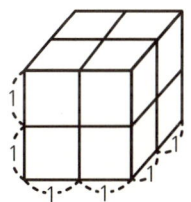

베드몬 그렇다면 두 정육면체의 부피의 비는 1:8이 돼.

매쓰워치 맞아. 한 변의 길이의 비가 1:2인 두 정육면체의 부피의 비는 1×1×1:2×2×2가 되는 거야.

베드몬 그럼 키의 비가 1:12이니까 소인국 사람의 부피와 걸리버의 부피의 비는 1×1×1:12×12×12가 되어, 1:1728이 되는군.

매쓰워치 퍼펙트.

코마 같은 키라도 많이 먹는 사람이 있고 적게 먹는 사람이 있잖아?

매쓰워치 물론이야. 계산을 하기 위해서 소인국 사람과 걸리버의 식성이 같다고 생각하고 부피의 비만으로 계산한 것뿐이야. 여기서 문제 하나 내 볼게! 고대 그리스의 유명한 수학자 유클리드가 쓴 『원론』이라는 책에 있는 문제야.

코마 뭔데?

매쓰워치 다음 그림을 봐. 변 BC의 길이와 변CD의 길이의 비가 3:2일 때 삼각형 ABC의 넓이와 삼각형 ACD의 넓이의 비는 얼마일까?

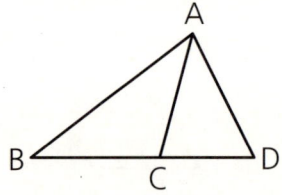

코마 잘 모르겠는데? 높이를 모르니까.

매쓰워치 삼각형의 넓이는 밑변의 길이와 높이를 곱한 값을 2로 나눈 값이야.

코마 그건 나도 아는데…, 높이를 모르면 넓이를 구할 수가 없잖아.

매쓰워치 아니야, 생각보다 간단해. 두 삼각형은 높이가 같고 밑변의 길이만 다르니까 두 삼각형의 넓이의 비는 밑변의 비와 같아져. 그래서 두 삼각형의 넓이의 비는 3:2 가 돼.

코마 뭐라고? 그렇게 쉽게 구한다고?

베드몬 재미있는 문제네.

어떤 사과를 살까?
생활 속의 비율

매쓰워치 닮음비를 이용하면 생활의 지혜를 얻을 수 있어.

베드로 그건 무슨 소리지? 닮은비?

매쓰워치 엄마가 사과를 사 오라고 심부름을 시켰어. 그럴 때는 반드시 자를 가지고 마트에 가.

코마 자는 왜?

매쓰워치 마트에서는 사과를 낱개로 잘 안 팔고 몇 개씩 묶어서 팔거든. 사과의 반지름이 6센티미터인 사과 2개가 5000원이고, 사과의 반지름이 3센티미터인 사과 8개가 5000원에 판매되고 있다고 해 봐. 어느 것을 사는 게 좋을까?

베드로 이것과 비율이 무슨 관계가 있지?

매쓰워치 두 사과의 반지름의 비는 2:1이야. 그러니까 두 사과의 부피의 비는 2×2×2=1×1×1이 되어, 8:1이 되잖아? 반지름이 6센티미터인 사과 하나의 부피는 반지름이 3센티미터인 사과의 부피의 8배야. 그러니까 반지름이 6센티미터인 사과 두 개의 부피는 반지름이 3센티미터인 사과의 부피의 16배가 돼. 결국 반지름이 6센티미터인 사과 두 개와 같은 부피가 되려면 반지름이 3센티미터인 사과는 16개가 담겨 있어야 해. 그런데 같은 가격이면서 반지름이 3센티미터인 사과는 8개이니까 이 상품을 사면 손해야. 그러니까 같은 값이면 부피가 큰 반지름이 6

센티미터인 사과 2개를 사는 게 유리하지.

코마 앞으로 엄마랑 마트에 갈 때는 자를 꼭 가지고 다녀야겠어.

광장에 모인 사람들의 수를 어떻게 셀까?
기준이 되는 넓이와 비율 문제

매쓰워치 이번에는 한 명 한 명 헤아리지 않고 광장에 모인 사람 수를 계산하는 방법을 알려 줄게.

베드몬 어떻게 그게 가능하지?

매쓰워치 비율을 이용하면 돼. 서울 광장처럼 넓은 장소에 사람들이 모

여 있는 경우에는 기준이 되는 넓이에 사람들이 얼마나 있을 수 있는 가를 따지면 돼.

베드로 기준 넓이가 얼마인데?

매쓰워치 보통 한 변의 길이가 1미터인 정사각형을 생각하면 돼. 이곳에 사람이 몇 명 서 있을 수 있는지를 따지면 되거든. 이곳에 5명의 사람이 서 있을 수 있다고 해 봐. 한 변의 길이가 1미터인 정사각형의 넓이는 1제곱미터이고, 서울 광장의 넓이는 13207제곱미터이거든. 그러니까 서울 광장에 모인 사람의 수를 □명이라고 하면 다음과 같은 비례식이 성립해.

1제곱미터:5명=13207제곱미터:□명

비례식에서 내항의 곱과 외항의 곱이 같으니까 □=13207×5=66035가 돼. 그러니까 66035명이 서울 광장에 모여 있다고 얘기할 수 있지.

베드몬 신기한 계산이야.

코마 그러게 서울 광장에 모인 사람들의 수를 저렇게 셀 거라고는 생각도 못했네.

▶▶▶ **개념 정리 QUIZ**

1. 한 변의 길이가 각각 2센티미터, 3센티미터인 두 정오각형의 넓이의 비는 얼마인가?

2. 한 변의 길이가 각각 2센티미터, 5센티미터인 두 정육면체의 부피의 비는 얼마인가?

3. 다음 그림에서 삼각형 ABC의 넓이와 삼각형 ADE의 넓이의 비는 얼마인가?

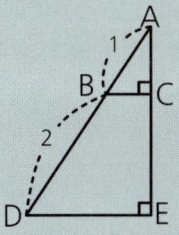

※ Quiz의 정답은 133쪽에 있습니다.

> 정완상 교수의 QR 강의

▶▶ 개념 다지기

페르미 추정법

핵에 대한 연구로 노벨 물리학상을 수상한 미국 시카고대학의 페르미는 다음과 같은 재미있는 문제를 학생들에게 냈답니다. 이 문제는 페르미의 '시카고에 필요한 피아노 조율사의 수 문제'라고 불리지요. 페르미는 다음과 같은 자료를 가정했어요.

1. 시카고의 인구는 300만명이다.
2. 가구당 구성원은 3명이다.
3. 피아노 보유율을 10% 정도라 하면 10만 가구가 피아노를 갖는다.
4. 피아노 조율은 일 년에 한 번 한다고 가정한다.
5. 조율사가 피아노를 조율하는데 걸리는 시간은 이동 시간을 포함해 2시간 정도이다.
6. 조율사는 하루 8시간, 주 5일, 1년에 50주간 일한다.

페르미는 이러한 가정을 바탕으로 시카고에 필요한 피아노 조율사의 수를 다음과 같이 알아냈습니다.

1. 시카고는 총 100만 가구이다.
2. 피아노는 총 10만 대이다.
3. 피아노 조율은 1년에 10만 번 이루어진다.
4. 한 명의 피아노 조율사가 1년 동안 조율할 수 있는 피아노의 수는 4×5×50=1000(대)이다.
5. 필요한 조율사의 수를 □명이라고 하면 1명:1000대=□명:100000대라

는 비례식이 생기므로 1000×□=100000에서 □=100이다.

그러므로 시카고에 필요한 피아노 조율사의 수는 100명이다.

QR코드를 통해 정완상 교수의 강의를 직접 들어 봅시다.

멘델의 유전 법칙

여기에서는 생물학에서 너무나도 유명한 멘델의 유전 법칙에 대해서 다룬다. 과학의 영역인 유전 법칙에도 수학에서 배우던 비와 비율이 사용된다는 것이 신기하기도 하다. 또 아주 작은 비율을 나타내는 방법, parts per million의 줄임말인 ppm에 대해 다룬다. ppm을 우리말로 말하면 백만분율이라는 설명에서 소금물의 농도에서 배운 퍼센트 농도, 백분율과 쉽게 비교할 수 있다. QR 코드로 만나는 저자의 강의에서는 혈액형의 유전, 즉 ABO식 혈액형에 대해서 다룬다.

멘델의 유전 법칙
유전 법칙을 수학으로 계산할 수 있다고?

코마 유전의 법칙은 참 신기하네.

매쓰워치 멘델의 유전 법칙을 수학으로 계산할 수 있어.

코마 어떻게?

매쓰워치 유전자쌍을 두 유전자의 곱셈처럼 생각하는 거야.

RR → R×R

Rr → R×r 또는 r×R

rr → r×r

그리고 귀찮으니까 곱셈 기호를 생략하자고. Rr과 Rr을 교배한 후 나오는 자식들의 유전자쌍을 구할 때는 R+r과 R+r의 곱셈을 해. 곱셈 기호를 생략하니까 (R+r)(R+r)과 같지.

베드몬 이런 곱셈을 처음 보는데?

매쓰워치 한 변의 길이가 R+r인 정사각형의 넓이야. 그림을 볼까?

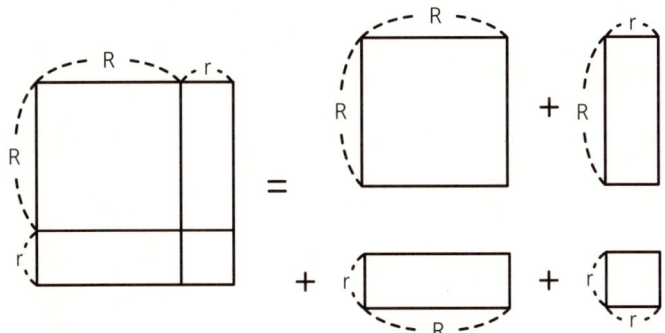

115

베드몬 네 개의 직사각형의 넓이의 합이니까 (R+r)(R+r)=RR+Rr+Rr+rr 이 되는군.

매쓰워치 맞아. 그러니까 RR과 Rr과 rr의 비는 1:2:1이 되는 거야. 그리고 RR과 Rr은 모두 둥근 콩이 되고 rr은 주름진 콩이 되니까 둥근 콩과 주름진 콩의 비는 3:1이 되는 거야.

베드몬 비와 비율이 유전의 법칙에도 사용되는구나.

코마 어렵지만 재미있었어.

아주 작은 비율을 나타내는 방법
ppm

매쓰워치 이번에는 아주 작은 비율을 나타내는 방법을 알려 줄게.

베드몬 어떤 것인데?

매쓰워치 공기는 주로 질소와 산소로 이루어져 있어. 공기 중에서 질소가 차지하는 비율이 약 80% 정도이고 산소가 차지하는 비율은 약 19% 정도야.

베드몬 나머지 1%는 뭐지?

매쓰워치 아주 작은 양의 다른 기체들이야. 아르곤, 수증기, 이산화탄소, 오존 등이 공기에 들어 있어.

베드몬 오존 농도라는 말은 들어 봤어.

매쓰워치 그래. 오존에 대해 얘기하려는 거야. 오존은 기체인데, 공기 속에 아주 작은 양이 포함되어 있어. 오존이 아주 작은 양이 있을 때는 상쾌한 느낌을 주지만 오존이 공기 속에 많이 들어 있으면 우리 눈을 따끔따끔거리게 만들고 호흡기 질환을 일으키거든. 그래서 나라에서는 오존 농도를 발표하는 거야. 오존 농도가 높으면 오존 주의보를 발령해. 외출을 덜 하라고 하는 거지.

베드로 오존 농도가 높으면 집안에 머물러야겠네.

코마 오존주의보는 언제 발령하는데?

매쓰워치 오존 농도가 1시간 평균 0.12ppm 이상이면 오존주의보가 발령되지.

코마 ppm? 그게 뭐야? ppm은 또 처음 듣는데?

매쓰워치 공기 속에 오존 기체의 양이나 강물 속의 중금속의 농도는 아주 작아. 그래서 퍼센트 농도를 쓰면 너무 수가 작아져서 다른 방법을 사용해. 이렇게 아주 작은 비율을 나타낼 때는 ppm을 쓰는데 이것은 parts per million의 줄임말이고 우리말로 말하면 백만분율이라고 말할 수 있어.

베드로 백만분율?

매쓰워치 퍼센트 농도는 전체를 100으로 놓은 비율을 말해. 그래서 퍼센트를 백분율이라고 불러.

베드로 아하! ppm은 백만분율이니까 전체를 백만으로 놓았을 때의 비율이구나.

매쓰워치 퍼펙트! ppm은 전체의 양을 1,000,000(백만)이라고 놓았을 때 특정 부분이 차지하는 양을 나타내는 방법이야. 그러니까 오존 농도가 0.12ppm이라는 것은 공기 전체를 백만이라고 했을 때 오존의 양이 0.12가 된다는 뜻이야.

베드몬 우와! 그렇게 적은 양으로도 주의보가 발령되다니!

▶▶▶ 개념 정리 QUIZ

1. 유전자쌍이 Rr인 콩과 rr인 콩을 교배하면 둥근 콩과 주름진 콩의 비는 얼마인가?

2. 물이 얼어서 얼음으로 될 때 얼음의 부피는 물의 부피의 $\frac{1}{11}$만큼 증가한다. 그렇다면 거꾸로 얼음이 물로 될 때는 그 감소하는 부피는 얼음의 부피의 몇 분의 몇이나 될까?

3. 500ppm을 퍼센트 농도로 고치면 얼마인가?

※ Quiz의 정답은 134쪽에 있습니다.

◉ 정완상 교수의 QR 강의

▶▶▶ 개념 다지기

혈액형의 유전

사람의 ABO식 혈액형에는 A, B, O 세 유전자가 있어요. 세 유전자 중에서 A와 B는 우성 유전자이고 O는 열성 유전자예요. 즉, A와 B 혈액형은 공동 우성이지요. 그러므로 A와 B 유전자를 가지면 혈액형은 AB형이 되지요. 그런데 A와 O를 가지면 A가 O보다 우성이기 때문에 혈액형은 A형이 됩니다. 물론 A와 A를 가져도 혈액형은 A형이 됩니다. B와 O를 가지면 B가 O보다 우성이기 때문에 혈액형은 B형이 됩니다. 당연히 B와 B를 가지면 혈액형은 B형이 됩니다. 그렇다면 O와 O를 가지면 어떻게 될까요? 이때는 두 유전자가 모두 열성이므로 O형이 됩니다. 그래서 사람의 혈액형은 A형, B형, O형, AB형으로 네 가지로 나눌 수 있습니다.

QR코드를 통해 정완상 교수의 강의를 직접 들어 봅시다.

부록

[수학자에게서 온 편지]
멘델

[논문]
비례식의 새로운 성질에 관한 연구

개념 정리 QUIZ 정답

용어 정리 & 찾아보기

| 수학자에게서 온 편지 |

멘델
(Gregor Mendel)

여러분, 만나서 반갑습니다. 나는 오스트리아의 생물학자인 멘델입니다. '수학자에게서 온 편지'인데 갑자기 생물학자가 등장해서 놀랐나요? 제가 연구한 유전의 법칙에도 수학의 비와 비율이 중요하게 등장해서 이렇게 편지를 쓰게 됐으니 너그럽게 봐 주세요. 나는 시레지아 지방의 작은 마을 하이젠도르프에서 1822년에 태어났어요. 나는 어릴 때부터 식물에 대한 관심이 많았지요.

올뮈츠(지금은 체코의 올로모우츠)의 철학 연구소에서 2년간 공부한 후, 1843년 모라비아의 브륀(지금은 체코의 브르노)에 있는 아우구스티누스회 수도원에 들어가 그레고리라는 세례명을 받았어요. 1847년에는 수도사로 임명되었으며 수도원에서 수행을 하는 동안에 과학에 대한 많은 지식을 습득했지요. 1849년에 나는 브륀 근처에 있는 즈나임(지금은 체코의 즈노이모)의 중등학교에서 보조 교사로 잠깐 동안 그리스어와 수학을 가르쳤어요. 1850년에는 정규 교사 시험에 응시했으나 떨어졌는데, 가장 잘 못 치른 과목이 놀랍게도 생물학과 지질학이었지요. 그 뒤 대수도원장의 추천으로 빈 대학교에 입학했으며 이곳에서 물리, 화학, 수학, 동물학, 식물학을 공부했어요.

1854년 브륀으로 다시 돌아와 수도원의 작은 정원에서 실험을 시작하여 유전의 기본 원리를 발견했으며 이러한 원리들을 유전학으로 발전시켰어요. 나는 주로 혼자서 연구를 했지만 과학에 관심을 가진 사람들과의 토론을 좋아해, 1862년 브륀에서 자연과학학회를 창립했어요. 수도원의 도서관에는 과학 서적들이 많이 있어 나의 연구에 큰 도움을 주었지요.

이 시기에 나는 정원에서 길렀던 여러 가지 완두를 서로 교배하는 실험을 했어요. 키가 큰 것과 작은 것, 잎겨드랑이에서 꽃이 피었을 때 색이 있는 것과 없는 것 등과 같이 어떤 대립적인 형질과 완두씨의 색이나 모양, 줄기에 꽃이 피는 위치 등에서의 대립적인 형질을 찾아냈지요. 나는 이러한 대립 형질을 이용해 유전의 법칙을 만드는데 성공했어요. 나는 이러한 대립 형질을 통해 유전자쌍을 가진 완두들을 교배하면 자식은 엄마의 유전자와 아빠의 유전자를 하나씩 받아 유전자쌍을 만든다는 것을 알아냈지요. 이것이 바로 '멘델의 유전 법칙'이에요. 나는 1865년 초 이 내용을 자연과학학회에서 발표했으며 다음해에 이를 좀 더 자세하게 기록해 〈식물의 잡종에 관한 연구(Versuche über

Pflanzenhybriden》라는 논문을 발표했지요.

1868년 나는 대수도원장으로 선출되었어요. 그 후에도 나의 연구는 죽을 때까지 계속되었지요.

나는 동료 수도사들과 내가 사는 도시 사람들의 사랑과 존경을 받았지만, 당시의 위대한 생물학자들 사이에는 전혀 알려지지 않았어요. 여러분들은 나를 교과서에서 만나니까 당시에도 굉장히 유명했을 것이라고 추측하겠지만, 당시에는 그렇지 못했답니다. 내가 1884년에 죽고 난 후 1900년즈음 유럽의 식물학자 칼 에리히 코렌스, 에리히 체르마크 폰 세이세네크, 휴고 드 브리스 등이 나의 연구와 비슷한 결과를 얻어내면서 나는 죽은 후에 명성을 얻게 되었지요. 그렇게 생물학자들 사이에서 나의 연구가 유명해지고, 인용되면서 알려지기 시작해 여러분들의 교과서에도 실리게 된 것이랍니다.

사진 : By Iltis, Hugo-CC-BY-4.0(wellcomecollection.org)

성림주니어북 수학연구소보 5권, p125

비례식의 새로운 성질에 관한 연구

이가비, 2021년(부산 완성 초등학교)

요약

이 연구에서 우리는 비례식의 새로운 성질에 대해 연구한다.

1. 서론

비와 비율은 일상생활에서 많이 사용된다. 비의 성질에 대한 최초의 연구는 유클리드에 의해 이루어졌다. 유클리드는 『원론』[1] 제 8권에서 비와 연비에 대한 많은 재미있는 성질들을 소개했다. 예를 들어 유클리드는 a:b=c:d가 성립하면 a, b, c, d는 차이가 같은 수 뛰기(등차 수열)를 한다는 사실을 발견했다.

이 논문에서 나는 비례식에 대한 재미있는 성질을 소개하려고 한다.

2. 비의 성질

나는 비에 대해 공부하던 중 우연히 다음과 같은 사실을 발견했다. 예를 들어 다음 비례식을 보자.

1:2=3:6

나는 이 비례식에서 전항끼리 후항끼리 더한 비를 생각해 보았다.

전항끼리의 합=1+3=4

후항끼리의 합=2+6=8

이때 전항끼리의 합과 후항끼리의 합의 비를 쓰면 4:8이 된다. 비는 전항과 후항을 같은 수로 나누어도 달라지지 않으므로 이 비의 전항과 후항을 4로 나누면 1:2가 된다. 이 사실로부터 나는 1:2=3:6가 성립하면 1:2=3:6=(1+3):(2+6)이 됨을 알았다.

3. 일반적인 증명

2단원의 예를 일반적으로 쓰면 다음과 같다.

A:B=C:D   (1)

가 성립하면

A:B=C:D=(A+C):(B+D)   (2)

이다.

이제 이 성질을 증명해 보자.

(1)에서 내항의 곱과 외항의 곱이 같으므로

A×D=B×C   (3)

이 성립한다.

(3)의 양변을 B로 나누면

A×D÷B=B×C÷B   (4)

이 되고, 오른쪽을 정리하면

$$A \times D \div B = C \qquad (5)$$

이제 이 식을 D로 나누면

$$A \times D \div B \div D = C \div D \qquad (6)$$

가 된다.

(6)의 왼쪽 부분을 정리하면

$$A \div B = C \div D \qquad (7)$$

이 성립한다. 이 식을 분수로 나타내면

$$\frac{A}{B} = \frac{C}{D} \qquad (8)$$

가 된다.

그러므로 (2)를 분수로 바꾸면

$$\frac{A}{B} = \frac{C}{D} = \frac{A+C}{B+D} \qquad (9)$$

가 된다. 이제 (9)를 증명하자.

$$\frac{A}{B} = \frac{C}{D} = K \qquad (10)$$

라고 놓으면

$$\frac{A}{B} = K \qquad (11)$$

이고,

$$\frac{C}{D} = K \qquad (12)$$

식 (11)에서 우리는

$$A = B \times K \qquad (13)$$

를 얻고, 식 (12)에서 우리는

$C = D \times K$ \quad (14)

를 얻는다.

그러므로

$A+C = B \times K + D \times K = (B+D) \times K$ \quad (15)

가 된다.

그러므로

$$\frac{A+C}{B+D} = K \quad (16)$$

가 된다.

이것은 식 (9)가 성립함을 보여준다.

참고문헌

[1] 유클리드, 『기하학원론』

GAME 1 개념 정리 QUIZ 정답

1. 3:5

2. 0.6:1.4의 각항에 10을 곱하면 6:14이고 각항을 6과 14의 최대 공약수인 2로 나누면 3:7이 된다.

3. 비의 각 항에 같은 수를 곱해도 비가 달라지지 않으므로 각 항에 2와 3의 최소 공배수인 6을 곱한다.
$\frac{1}{2}:\frac{1}{3}=\frac{1}{2}\times 6:\frac{1}{3}\times 6=3:2$

GAME 2 개념 정리 QUIZ 정답

1. 학수와 태호의 몸무게의 비는 2:3이고 태호와 병식이의 몸무게의 비는 2:1이다. 2:1의 각항에 1.5를 곱하면 2:1=3:1.5가 된다. 따라서 학수, 태호, 병식의 몸무게의 비는 2:3:1.5가 된다. 각항에 10을 곱하면 20:30:15가 되고 각 항을 5로 나누면 4:6:3이 된다.

2. 형은 $12 \times \dfrac{2}{3} = 8$(자루)를 갖는다.

3. A:B:C:D=2:3:5:7

GAME 3 개념 정리 QUIZ 정답

1. 환희가 시속 20킬로미터로 달린다는 것은 한 시간에 20킬로미터를 간다는 것이다. 30분은 한 시간의 절반이므로 환희가 간 거리는 10킬로미터이다.

2. 시속 4킬로미터로 걷는 사람이 30분 동안 간 거리를 2킬로미터이고 시속 6킬로미터로 달리는 사람이 30분 동안 간 거리는 3킬로미터이다. 도로의 길이는 두 사람이 간 거리의 합이므로 5킬로미터가 된다.

3. 1시간 15분은 1시간과 15분의 합이다. 1시간은 60분이므로 15분을 시간으로 고치면 60의 $\frac{1}{4}$, 즉 15분은 $\frac{1}{4}$시간이 된다. 그럼 한 시간 15분은 $1\frac{1}{4}$시간이 되고 가분수로 고치면 $\frac{5}{4}$시간이 된다. 이 시간 동안 간 거리는 $800 \times \frac{5}{4} = 1000$(km)가 된다.

GAME 4 개념 정리 QUIZ 정답

1. 소금의 양=(소금물의 농도)×(소금물의 양)÷100=2×300÷100=6(그램)

2. 소금물의 양은 소금의 양과 물의 양의 합이므로 소금물의 양은 200그램이다. 그러므로 이 소금물의 농도는 $\frac{20}{200}\times100=10(\%)$이다.

3. 250원의 60%는 $250\times\frac{60}{100}=150$(원)이다.
따라서 판매가는 250-150=100(원)이다.

GAME 5 개념 정리 QUIZ 정답

1. 두 정오각형의 넓이의 비는 한 변의 길이의 제곱에 비례하므로, 넓이의 비는 2×2:3×3=4:9이다.

2. 부피의 비는 2×2×2:5×5×5=8:125이다.

3. 두 삼각형은 닮은 직각삼각형이고 대응변의 길이의 비가 1:3이므로 두 삼각형의 넓이의 비는 1:9이다.

GAME 6 개념 정리 QUIZ 정답

1. 1:1

2. 물의 양을 1로 보면 얼음의 양은 $1+\frac{1}{11}=\frac{12}{11}$이다.
거꾸로 $\frac{12}{11}$인 얼음이 물이 될 때 줄어드는 양은 $\frac{12}{11}-1=\frac{1}{11}$이다.

따라서 (감소한 양)÷(얼음의 양) $=\frac{1}{11}÷\frac{12}{11}=\frac{1}{11}×\frac{11}{12}=\frac{1}{12}$

3. 1000000:500=100:□에서 □=0.05이므로 0.05%이다.

수학 교과서 속 용어 정리 & 찾아보기

[비] 33쪽

두 수의 양을 기호 :을 사용하여 나타낸 것을 '비'라고 한다. 어떤 모둠에서 남학생이 5명, 여학생이 3명일 때 남학생 수와 여학생 수를 비교하는 것을 5:3으로 나타내고 이것을 '5와 3의 비'라고 말한다. 비에서 앞에 오는 수를 '비교하는 양', 뒤에 오는 수를 '기준량'이라고 한다.

[전항] 33쪽, 125쪽

2:3과 같은 비례식에서 :의 앞에 있는 3을 '전항'이라 부른다.

[후항] 33쪽, 125쪽

2:3과 같은 비례식에서 :의 뒤에 있는 3을 '후항'이라 부른다.

[비율] 39쪽

'기준량'에 대한 '비교하는 양'의 크기를 '비율'이라고 부른다.

(비율) = $\dfrac{(비교하는\ 양)}{(기준량)}$

(비교하는 양) = (비율) × (기준량)

(기준량) = (비교하는 양) ÷ (비율)

[백분율] 117쪽

기준량이 100일 때의 비율을 '백분율'이라고 한다. 백분율은 기호로 %를 써서 나타내고 '퍼센트'라고 읽는다.

백분율(%) = (비의 값) × 100

수학 교과서 속 용어 정리 & 찾아보기

[백만분율] 117쪽

전체 양의 백만분의 1을 단위로 하는 비율을 말한다. 환경 오염과 같이 극히 적은 물질의 양을 표시할 때 주로 사용된다. 물 1톤(1ton=1000kg)에 포함된 물질이 1g일 때, 그 백만분율은 1ppm이다. ppm은 아주 작은 비율을 나타내는 단위로 parts per million의 줄임말이다.

[연비] 49쪽, 125쪽

세 종류 이상의 수를 기호를 사용해서 비로 나타낸 것을 '연비'라 부른다.

[비례 배분] 52쪽

전체를 주어진 비로 나누는 것을 '비례 배분'이라고 부른다.

[비례식] 43쪽

비의 값이 같은 두 비를 등식으로 나타낸 식을 말한다. 예를 들어 1:2=2:4, $\frac{1}{2}=\frac{2}{4}$ 처럼 나타낼 수 있다.

[속력] 60쪽, 67쪽, 76쪽, 79쪽

단위 시간에 이동한 평균 거리를 '속력'이라고 한다. 1시간, 1분, 1초 동안 이동한 평균 거리를 각각 '시속', '분속', '초속'이라고 한다.
(속력)=(이동 거리)÷(걸린 시간)

수학 교과서 속 용어 정리 & 찾아보기

(이동 거리)=(속력)×(걸린 시간)

(걸린 시간)=(이동 거리)÷(속력)

[시간, 분, 초]   63쪽, 77쪽

1시간을 분으로 고치면 60분이다.

1분은 60초이다.

1시간은 60×60초이다.

1(시간)=60(분)=3,600(초)

[킬로미터, 미터, 센티미터, 밀리미터]   60쪽

킬로미터(km), 미터(m), 센티미터(cm), 밀리미터(mm)는 미터법에서 길이를 나타내는 단위이다.

1킬로미터(km)는 1000미터(m)이다.

1미터(m)는 100센티미터(cm)이다.

1센티미터(cm)는 10밀리미터(mm)이다.

1(킬로미터)=1000(미터)=100,000(센티미터)=1,000,000(밀리미터)

[소금물의 농도]   84쪽

100g의 소금물 속에 든 소금의 양을 소금물의 농도라고 한다. 물론 100g보다 많거나 적은 양의 소금물에서도 소금물의 농도를 구할 수 있다. 이럴 때는 소금물이 100g이라고 가정하면 소금의 양이 얼마인지

수학 교과서 속 용어 정리 & 찾아보기

를 구하면 된다. 예를 들어, 소금물 300g 속에 소금 9g이 들어 있다면 소금물 100g 속에는 소금 3g이 들어 있으므로 소금물의 농도는 3%라고 하면 된다. 소금물의 농도를 구하는 공식은 다음과 같다.

$$\text{소금물의 농도} = \frac{(\text{소금의 양(g)})}{(\text{소금물의 양(g)})} \times 100(\%)$$

[원가] 89쪽
물건을 사 온 가격이 '원가'이다.

[정가] 89쪽
물건을 팔기 위해 매긴 가격을 '정가'이다.

[판매가] 89쪽
물건을 실제로 판 가격이 '판매가'이다.

[두 닮은 도형의 넓이의 비] 98쪽
두 닮은 도형에서 대응하는 변의 길이의 비가 1:□이면 두 도형의 넓이의 비는 1:□×□이다.

[두 닮은 입체 도형의 부피의 비] 99쪽
두 닮은 입체 도형에서 대응하는 변의 길이의 비가 1:□이면 두 입체 도형의 부피의 비는 1:□×□×□ 이다.

수학 교과서 속 용어 정리 & 찾아보기

[멘델, 멘델의 유전 법칙] 115쪽, 122쪽

자손들은 부모의 특징들 중 일부가 그대로 전해지는데, 이렇게 부모의 특징을 닮는 것을 유전이라고 한다. 유전이 일어나는 방법을 알아낸 사람이 오스트리아의 수도사였던 멘델이다. 7년 간이나 완두콩을 키우면서 유전에 대해 체계적으로 연구한 결과 유전이 일어나는 방법을 알아냈다. 멘델은 세포의 핵에 들어있는 유전자가 생물의 특징을 결정한다는 것과 일정한 법칙에 따라서 유전이 일어난다는 것을 밝혀냈다.

중학교에서도 통하는 초등수학
개념 잡는 수학툰
❺ 비와 비율에서 멘델의 유전 법칙까지

ⓒ 정완상, 2022

초판 1쇄 발행 2022년 1월 20일
초판 2쇄 인쇄 2022년 10월 11일

지은이	정완상
그림	김민
펴낸이	이성림
펴낸곳	성림북스
책임편집	강현옥
디자인	윤주열
출판등록	2014년 9월 3일 제25100-2014-000054호
주소	서울시 은평구 연서로3길 12-8, 502
대표전화	02-356-5762
팩스	02-356-5769
이메일	sunglimonebooks@naver.com
ISBN	979-11-88762-38-5 (74410)
	979-11-88762-21-7 (set)

✽ 책값은 뒤표지에 있습니다.
✽ 이 책의 판권은 지은이와 성림북스에 있습니다.
✽ 이 책의 내용 전부 또는 일부를 재사용하려면 반드시 양측의 서면 동의를 받아야 합니다.